Freude

I0099817

Thomas de Haan

chipmunkapublishing
the mental health publisher

Thomas de Haan

Published by:
Chipmunkapublishing
PO Box 6872
Brentwood
Essex CM13 1ZT
United Kingdom

http://www.chipmunkapublishing.com

Chipmunkapublishing gratefully acknowledge the support of Arts Council England.

Freude

The realization of this book has been made possible
by the Dutch Mental Health Service

De totstandkoming van dit boek is mede mogelijk gemaakt
door de Nederlandse Algemene Wet Bijzondere Ziektekosten

Thomas de Haan

Freude

Voor Mithomasomi

Thomas de Haan

For Mithomasomi

Freude

Dit boek is opgedragen aan al onze vrienden waar dan ook ter Wereld

Thomas de Haan

This book is dedicated to all our friends wherever in the World

Freude

Het Eindspel is moeilijk en zal
indien goed gespeeld, lang duren
Het is zaak een zodanige stelling te bereiken
dat alle partijen samenwerken de winst te bereiken
Dit vereist uiterste concentratie en doorzettingsvermogen
Gelezen in: Strategie der honderd velden op 9 juli 1978
Later bleek het er niet (meer) in te staan

Er zijn ongeveer 1,3 miljoen Watermannen in ons land
Het zou dus wel heel vreemd moeten lopen
als die allemaal op dood spoor werden gezet
Zoveel spoorlijnen hebben we niet eens
* Dit is een grapje hoor *
Gelezen in april 1983 in:
Horoscoop Waterman, december 1982

Ik moet niet bang zijn
Angst is de Moordenaar van het Verstand
Ik moet mijn Angst onder Ogen zien
Ik moet mijn Angst helemaal door me heen laten vloeien
Waar uiteindelijk de Angst is gegaan is niets overgebleven
Alleen ik zelf blijf en wij en Hij en Zij
Uit: Frank Herbert: Litanie tegen de Angst
van de Heksen Van de Bene gisser it
Oranje Katholieke Bijbel
De toevoeging is van mij

Een ieder die iets afneemt van of toevoegt aan
de woorden in dit boek, hem of haar zullen overkomen
alle Plagen die in dit boek beschreven zijn
Uit: Openbaringen volgens Johannes, N.T.

Thomas de Haan

The End play is difficult and will
if played well, last long
It is important to reach such a position
that all parties work together to reach the profit
This needs severe concentration and perseverance
Read in: Strategy of the hundred fields at July 9 1978
Later it appeared not to be in it (any more)

There are about 1.3 million Aquaria in our country
It would be very strange indeed
if all of them would be put on dead rail
That many rail roads we don't even have
* This is just a joke, isn't it *
Read in April 1983 in:
Horoscope Aquarius, December 1982

I must not be afraid
Fear is the Murderer of Mind
I have to look carefully at my Fear
I must let go my Fear right through me
Where at last the Fear has gone nothing is left
Only I stay and we and they and He and She
Out of: Frank Herbert: Litany against Fear
from the Witches of the Bene gisser it
Orange Catholic Bible
The addition is from me

Anyone who takes away or edits something to
the words in this book, to him or her will appear
all Plagues which are written down in this book
Out of: Revelations according to John, N.T.

Freude

Thomas (Eva Maria Leo Venus) de Haan (- Young), 01-50
kreeg in 1978 de diagnose schizofrenie.
In januari 1993 zat hij in de buik van de grote Vis
(Isoleercel: Erich Fromm: Dromen, sprookjes, mythen,
de symbolische betekenis van het Bijbelboek Jonas),
die hem na drie dagen weer uitspuwde.

Hij woont nu in een Beschermd Wonen vorm van 'Pa Meier'
want wat nog steeds soms opspeelt is onder andere:

N.B.: De man die zich uitvouwde, Tijd paradoxen
Plus: Marten Toonder: Het Overdoen, O.B. Bommel
Plus: Terug naar de Toekomst?
Want: Wat geschiedt is, is geschied
Plus: Evangelie volgens Johannes:
Hij die na mij komt is voor mij geweest
Plus: ''Ik ben de Alfa en de Omega''
Plus: de Christus: ''Vele Eersten zullen de Laatste zijn''
Vanwege: De 'Betrekkelijkheid' van de Tijd
Dus ook: De 'Snaar' Theorie der 'Profeten'

Thomas de Haan

Thomas (Eve Maria Leo Venus) de Haan (- Young), 01-1950
got the diagnose schizophrenia in 1978.
In January 1993 he was in the stomach of the big Fish
(Isolating cell: Erich Fromm: Dreams, fairytales, myths,
the symbolic meaning of the Bible book Jonas),
which vomited him again after three days.

He lives in a Protected Living form of 'Pa Meier' now
because what so now and then still cuts up rough is:

N.B.: The man who enfolded himself, Time paradoxes
Plus: Marten Toonder: Het Overdoen, O.B. Bommel
Plus: Back to the Future?
Because: History will stay the same history
Plus: The Gospel according to John:
He who comes next to me has been before me
Plus: ''I am the Alpha and the Omega''
Plus: the Christ: Many Upper Tens will be the Last''
Because of: The 'Relativity' of Time
Thus too: The 'Snare' Theory of the 'Prophets'

Freude

Thomas (EMLV) de Haan (- Young)

Beschrijving:

Dit boek bestaat uit enkele prozagedichten en enkele korte gedichten, in Nederlands en Engels, met op de voorpagina's de oorspronkelijke taal en op de achterpagina's de vertaling, Zowel de oorspronkelijke tekst, meestal in het Nederlands, maar sommige korte gedichten werden eerst in het Engels geschreven, als de vertaling, is van de hand van de auteur zelf. Ook alle (latere) correcties werden door de auteur zelf gedaan.

Hannie de Wilde, goede vriendin, Krimpen aan den IJssel:
Liefde en Begrip is het waar het in dit boek om draait.

Thomas (EMLV) de Haan (- Young)

Description:
This book consists out of some prose poems and some short poems, in Dutch and English, with on the front side pages the original language, and with on the backside pages the translation. As well as the original text, most often in Dutch, but some short poems were written at first in English, as the translation, is of the hand of the author himself. Also all (later) corrections were done by the author himself.

Hannie de Wilde, good friend, Krimpen aan den IJssel:
Love and Understanding, that's what it is about in this book.

Over de auteur:

De auteur is geboren op 30 januari 1950 in Krimpen aan den IJssel, Zuid-Holland, Nederland, als de tweede zoon van Gerrit de Haan, 7 april 1922 - 26 mei 2001 en Iefje (kleine Eva) de Haan - de Jonge, 24 november 1925 - 30 september 2007. Zijn broer is geboren op 24 december 1948 en zijn jongere zus op 20 maart 1953. Zijn moeder leed heel haar leven aan depressies, en ook de auteur zelf had op veertien jarige leeftijd een eerste depressie en nog vele erna met op 28 jarige leeftijd een eerste manisch-depressieve psychose. Hij kreeg toen de diagnose schizofrenie, en is voor 4,5 maand opgenomen in de afdeling Psychiatrie van het Academisch Ziekenhuis Dijkzicht te Rotterdam.

Hij was daarna gedurende iets meer dan 2 jaar depressief, had begin 1981 een zeer diepe depressieve psychose en moest weer worden opgenomen. Diverse depressieve psychoses, tot aan 1999, volgden, daarna werden ze weer meer manisch depressief. In 2009 werd de diagnose gewijzigd in schizofrenie, manisch depressieve vorm, of schizo-affectief, hoewel in 1999 in een verslag werd geschreven: Affect: vlak. De Gotspe! Vlak, misschien, toen, maar diep!

About the author:

The author has been born at 30 January 1950 in Krimpen aan den IJssel, Zuid-Holland, Nederland, as the second son of Gerrit de Haan, 7 April 1922 - 26 May 2001 en Iefje (little Eve) de Haan - de Jonge, 24 November 1925 - 30 September 2007. His brother has been born at 24 December 1948 and his younger sister at 20 March 1953. His mother suffered the whole of her life under depressions, and also the author himself had on the age of fourteen a first depression and several there after with at the age of 28 a first manic depressive psychosis. He got then the diagnose schizophrenia, and has been for 4,5 month in the Psychiatric Department of the Academic Hospital Dijkzicht in Rotterdam.

After that he was during more than 2 years depressive, and had in the beginning of 1981 a very deep depressive psychosis and had to go to the hospital again. Several depressive psychosis followed, until 1999, after that they became again more manic depressive. In 2009 the diagnose was changed into schizophrenia, manic depressive form, or schizoaffective, although in 1999 was written in a report: Affect: flat. The Gotspe! Flat, could be, then, but deep!

Freude

Fragment uit het proza gedicht 'De Dame der Dageraad':

Ik liep door dicht beboste en drassige streken
Opeens zakte ik diep weg in de modder
Een Lelijke Eend met kenteken 77-RK-1984
Die ik van 1977 tot 1984 bezat, trok me er uit
Steeds dichter naderde ik het kasteel
Van de heerser van dit onbestemde land
De poort opende zich voor me
De poort van het *Tijd Slot Einde*
Heel wat vreemde wegen moest ik gaan
Om dicht bij de Zwarte Heerser te komen
Deze wegen zijn her en der in dit boek beschreven
Natuurlijk is er nog veel meer gebeurd
Dan ik in kort bestek kan samenvatten

Toen ik er was speelde ik Schaak met Hem
Wat ik natuurlijk wel moest verliezen
Maar ik had een troef achter de hand
Omdat de Zwarte Heerser gebonden is
Aan de regels, de regels van zijn Spel
''Mat'' zei Hij trots. ''Niet echt'' zei ik
''Ik kan eigenlijk nog wel heel wat zetten doen''

''Welke dan?'' vroeg Hij verbaasd
''Deze'' zei ik en ik verzette een stuk
''Dat kan niet'' zei Hij, ''ik kan nu je Koning slaan''
''Doe dat dan'' zei ik, ''sla me maar''
''Nee''zei Hij, ''dat is ook tegen de regels
Een gewone sterveling mag de regels overtreden
Maar ik niet, ik kan de Ster niet verslaan
We moeten het in gedachten uitvechten
Met snel schaken mag het misschien wel''
* Voor de al te roeken lozen! *

Thomas de Haan

Fragment out of the Prose Poem 'The Lady of the Dawn':

I walked through thick afforested and swampy regions
Suddenly I sank deep into the mud
An Ugly Duck with sign 77-RK-1984
Which I owned from 1977 until 1984, pulled me out of it
Ever nearer I approached the castle
Of the ruler of this indeterminate country
The gate opened for me
The gate of the *Time Lock End*
A lot of strange ways I had to go
To approach close to the Black Ruler
These ways are described hither and thither in this book
Of course still much more has happened
Than I can take together in short scope

When being there I played Chess with Him
What I had to loose of course
But I had left some trump-card
Because the Black Ruler is bound
To the rules, the rules of his Game
''Mate'' He said proudly. ''Not really'' I said
''I actually can do a lot of moves yet''

''What moves then?'' He asked surprised
''This'' I said, and I moved a piece
''That is not possible'' He said, ''I can hit your King now''
''So, do that then'' I said, ''but hit me''
''No'' he said, ''that is against the rules too
An ordinary mortal may break the rules
But not me, I can not conquer the Star
We will have to fight this in thoughts
At fast chess maybe it is allowed''
* For them who are much too reckless *

Freude

Thomas de Haan

Een Nieuwe Opening

I

Een nieuwe morgen, een totaal nieuw geluid
Eindelijk dan nu weer nieuwe inspiratie
Het Einde gaat over in een nieuw begin
Hoewel ik er eigenlijk toch niets bij win
Maar ik ben zo wat bezig, ik doe alsof het heeft zin
Mijn Zelf toch eigenlijk ik het meest bemin

2001-08-04, vier augustus is het nu
En het gaat allemaal met reuzenschreden
De bomen flitsen voorbij, we gaan heel snel
Het denken ook, ik houd me zelf niet bij
Zodat ik niet al mijn gedachten op papier kan krijgen
Dat is ook niet nodig, het lost niets op
Voor anderen denken kan ik immers niet
Het is moeilijk hen tot andere gedachten te brengen
Omdat een ieder reageert zoals hij of zij reageert

Denk nu niet dat u uw gedachten regeert
Want ook u hebt net als ik helemaal geen eigen wil
Omdat u slechts een deel bent van uw Zelf
Uw hersenen denken voor u en u doet wat u doet
U kunt niet anders doen dan doen wat u doet

Ik doe wat ik doe en vraag niet waarom
Het laatste is helemaal een zinloze vraag
Vragen naar het waarom, de dingen gebeuren gewoon
Waarom eigenlijk willen we de reden weten?
Een foutje, het zal wel een heel klein weeffoutje zijn

Twijfel namelijk, twijfel aan je eigen Zelf
En ik ben natuurlijk de allergrootste 'Twijfelaar'

Thomas de Haan

A New Opening

I

A new morning, a totally new sound
At last then new inspiration again now
The End goes over in some new start
Although properly I don't win anything with it
But I am somewhat busy with it, I do as if it has sense
I actually love my Self the most though

2001-08-04, August the fourth it is now
And everything goes with giants strides
The trees hurry by, we are going very fast
The thinking too, I can't stop myself
That's why I can't throw all my thoughts on paper
That isn't necessary too, it doesn't solve anything
I can't think for others, can I
It is difficult to bring them to other thoughts
Because everybody reacts like he or she reacts

Don't think now that you reign your thoughts
Because you too don't have just like me a free will at all
Because you are just a part of your Self
Your brains think for you and you do what you do
You can't do anything else than do what you do

I do what I do and don't ask why
The last is a senseless question totally
Asking for the reason why, things just happen
Why properly do we want to know the reason?
A little fault, it must just be a very little flaw

Doubting namely, doubting about your own Self
And I of course am the biggest 'Wifelier'

Freude

Omdat ik werkelijk overal aan twijfel
Maar: Twijfel is nodig om bewijs te leveren
Van dingen die je werkelijk 'zeker' wilt weten
Logos, dat is onze God, ons eigen denken
Wie denkt er? Ook u neemt slechts waar dat u denkt
Hebben we een eigen wil? Ja, maar actie is reactie
Dat gaat altijd op, eigen wil is hiermee in tegenspraak?
Natuurlijk hebben we werkelijk een eigen wil
Maar zelfs die eigen wil is resultaat van oorzaken
Meestal hebben we geen ware keuze
Deze is er alleen bij twijfel, waaraan dan ook
Zelfs dan kun je niet altijd kiezen wat je echt wilt

Een soort Liefde bug is dit misschien
Om u te verleiden met me mee te lezen
In het boek dat ik nu aan het schrijven ben
Maar eigenlijk moet u me vertellen dat u meeleest
Maar dat maakt niets uit, ik weet het toch wel?
'1984', het profeterende boek van George Orwell
Gedachten politie die mijn gedachten beoordeelt
Op wrede *weg wijzer*, kan ik niet tot vijf tellen?
Omdat ik maar vier vingers heb en een duim
Op deze 'weg manier' kom ik tot zes, handpalm er bij
X is tien, maar wat is tien, welk talstelsel?

Zeshonderd zesenzestig, het Getal van het Beest
Veroorzaken mijn bestanden, is het mijn fout?
Maar toch niet alleen de mijne, ook gedeeltelijk uw fout
Wellicht bent u bezorgd om mij, maar in die mate
Kan ik het toch alleen zelf zijn, ik ben geen kind
Ik hoef niet constant in de gaten gehouden te worden
Ook niet door een of ander antivirus programma
Ik houd niet van die te grote bemoeizucht
En ook niet van autoritair gedrag, ik beslis zelf
Wat goed is, ik pas me niet jullie normen aan

''De wereld is een volslagen gekkenhuis

Because I really doubt about everything
But: Doubting is necessary for proving things
Of things you want to know for really 'sure'
Logos, that is our God, our own thinking
Who thinks? Also you just observe that you are thinking
Do we have an own will? Yes, but action is reaction
That is always so, own will is in contradiction with that?
Of course we really do have an own will
But even that own will is a product of causes
Most of the times we don't have a true choice
This is only there in case of doubt, of what things ever
Even then you can't always choose what you really want

A kind of Love bug this maybe is
To seduce you to read along with me
In the book that I am writing now
But properly you should tell me that you are reading it
But it doesn't matter, I just do know it though?
'1984', the prophesying book of Georges Orwell
Thought police who judge my thoughts
In a cruel *way manner*, can't I count to five?
Because I have but four fingers and a thumb
In this 'way manner' I reach six, hand palm with it
X is ten, but what are ten, which notation?

Six hundred and sixty six, the Number of the Beast
My files bring about, is it my fault?
But though not just mine, partly your fault too
Maybe you care for me, but that extraordinary
I can only care for myself though, I am not a child
I don't have to be watched constantly
Also not by some antivirus program
I don't like that too great meddlesomeness
And also not of authoritative behaviour, I decide myself
What is right for me, I don't adept me to your norms

''The world is a total insane madhouse

Freude

Maar wie zich niet aanpast moet naar een inrichting''
Grapte Fons Jansen, een Nederlandse cabaretier
En eigenlijk was dat niet helemaal een grapje
U mag zeggen dat ik dom ben, misschien ben ik dat
Maar de domste is toch ook de verstandigste
Eigenlijk toch ben ik dus juist de wijste

Hebt u ooit visioenen gehad van de Hel?
Die als ze tijdens het waken u overkomen
Hallucinaties worden genoemd
Weet u wanneer u slaapt of waakt, ik ook niet
De werkelijkheid is al erg genoeg, vind ook ik
We hoeven toch geen visioenen van de 'Hel', of wel?

Weet dan dat dit ook mij is overkomen
En nu weet ik, we mogen niemand veroordelen
Dit voor eeuwig en altijd te ondergaan
En: ik ben beter dan niemand en niemand is beter dan ik
Ik weet niet welke lasten ik met deze woorden
Op de schouders van iemand zwakker dan ik laad
Ik zeg hem of haar: ''Doe het niet''
Alsof ik hiermee iets kan voorkomen
Ik kan niet voor een ander beslissen, voor niemand anders

Moet hij of zij dan werkelijk gelijk aan God zijn?
Ook dat heeft helemaal geen zin
Elke actie veroorzaakt een even grote reactie
De Boom van Goed en Kwaad is namelijk de zelfde
Als de Boom des Levens waarvan we niet mogen eten
Als we willen leven tot in alle Eeuwigheid

II

Mijn oom Klaas ging altijd te voet naar zijn werk
Hoewel het heel ver lopen was vanuit Bovenend
Dit schrijf ik op 2001-07-29, in de middag
Terwijl het 15.20 is op de klok van de computer

But who doesn't adept has to go to the madhouse''
Fons Jansen, a Dutch cabaret performer, spoke a joke
And actually that wasn't quite a joke at all
You may say that I am stupid, maybe I am
But the most stupid one is also the smartest though
Properly though I am just the wisest thus

Did you ever have visions of Hell?
Which when they come to you when awake
Are called hallucinations?
Do you know when you are awake or asleep, I too don't
Reality is severe enough already, I too think
We don't have to have visions of 'Hell', do we?

Do know then that this happened to me too
And now I know, we are not allowed to ordeal anyone
To undergo this for ever and always
And: I am better then no one and no one is better than me
I don't know which burdens I load with these words
On the shoulders of someone weaker than me
I say to him or her: ''Don't do it''
As if I could prevent anything with this
I can't decide for someone else, for nobody else

Does he or she really have to be the equal of God?
Also that doesn't have any sense at all
Every action brings about an equal great reaction
The Tree of Good and Bad namely is the same
As the Tree of Life of which we aren't allowed to eat
When we want to live from Eternity until Eternities

II

My uncle Claus always went by foot to his work
Although it was a long way walking out of Bovine End
This I am writing at 2001-07-29, in the afternoon
While it is 15.20 on the clock of the computer

Freude

Als niet inmiddels alweer een minuut verstreken is
Zo snel gaat de tijd, hoe ontzettend haastig gaat de tijd
Nou ja, haastig, werkelijk zo erg snel ook weer niet

Mijn nieuwe printer loopt ongeveer drie minuten voor
Mijn computer en printer lopen ongelijk
U zult dit bericht ontvangen voordat ik het schreef
Aangezien mijn computer een beetje uit de tijd is
Maar wat is vroeg, wat is laat, dat is ook betrekkelijk
Heeft Al Bert Eén Steen me vaak een beetje geleerd
Dat was ook al een Steen uit Duitsland in dit geval
Ik kreeg bericht dat hij 'Laat dood' was
Toen ik vanwege gekte opgenomen was in Sint Jozef
* Een ziekenhuis in het Centrum van Goud (A) *
De psychiater, laten we hem dokter van Eden noemen
Beweerde dit, angstig: ''Ben je nu helemaal gek''
Dat was waar want geestelijke pijn is even erg
Als lichamelijke pijn, geef ik hem nu gelijk?
Maar we weten niet wie van ons het meeste lijdt
* 'Multatuli' onder de Gesel Gods *

Laat helemaal niemand nu nog beweren
Dat hij of zij de gelijke van God is of dit soms denken
Als het laatste tenminste enigszins mogelijk is
Is God al machtig in u, kan wel zo zijn
Maar Almachtig is een al te erg groot woord
En zelfs dat schrijven sommigen Hem soms toe
Opdat hij maar alle slechte mensen zal verdelgen
Maar zijn we dan niet zelf slecht als we
Wie maar dan ook voor altijd naar de Hel wensen
Ten einde zelf voor Eeuwig en Altijd gelukkig te zijn

Het laatste dat kan helemaal niet of wel soms?
We moeten dus gewoon tevreden zijn
Met wat we al hebben, met het laatste
Daarmee bedoel ik geen aards bezit
Bespot mij maar omdat ik dit hier openlijk uit

If not in the mean time already a minute has passed by
That fast time goes, how extraordinary hasty time goes
However, hasty, that very fast it doesn't go too, in reality

My new printer is about three minutes too fast
My computer and printer don't show equal times
You will receive this message before I wrote it
Because my computer is out of time a little bit
But what is early, what is late, that is relative too
Al Bert One Stone taught me often somewhat
That was also some Stone yet out of Germany in this case
I got a message that he was 'Late dead'
When I was in Saint Josef to be treated for madness
* An hospital in the City centre of Gold (B) *
The psychiatrist, let us call him doctor of Eden
Clamed this, frightened: ''Are you totally mad now''
That was true because ghostly pain is equal
To pain of the body, I am confessing to him now?
But we don't know who of us suffers most
* I suffered severe under the Whip of God *

Let nobody at all pretend to say now any more
That he or she is the equal of God or even think that
If the last is possible in some way ever
Is God already mighty in you, could be
But Almighty is a much too big a word
And even that some of us accuse Him of that
In order that he but will destroy all bad people
But aren't we bad then ourselves
When we whoever but wish to Hell for ever
To be happy ourselves for Ever and Always

The last thing is totally impossible, is it?
So we just do have to have peace
With what we have already, with the last
With that I don't mean earthly possessions
But ridicule me because I say this in the open

Freude

We moeten ophouden onszelf als Godenzonen te zien
Terwijl we gewoon mensen zijn, afstammend van apen
Welke wellicht een stukje wijzer zijn of waren dan wij
We zijn inderdaad maar gewoon spiernaakte apen
Er is geen God die daar iets aan veranderen kan
Hoogmoedig stellen we ons op als heerser over de
Kosmos, hoewel we niet meer dan kosmopolieten zijn

Toekomst fantasieën, wie verzint nu zo iets?
Verwachtingen mogen we misschien wel hebben
En deze komen uiteindelijk misschien ook wel uit
Als we er samen aan werken, maximale democratie
Wanneer zoiets mogelijk is natuurlijk
Eigen verantwoordelijkheid, zijn we daar bang voor?
Deinzen we daar zo zeer voor terug?
Ik ook, ik ben verantwoordelijk voor mijn eigen daden
Waarover ik wil beslissen, niemand anders
Hier ben ik, ik kan niet anders handelen dan ik doe
Ik doe wat ik doe en niets, nee niets anders
Soms lijkt het wel alsof ik tegen me zelf in handel
Maar ook dan ben ik er Zelf verantwoordelijk voor

De tegenstander van wat ik beweer, is dat mijn Vijand?
Of is ook hij of zij op zoek naar een goede oplossing
Voor de dilemma's en paradoxen van de tijd?
'De man die zich uitvouwde', is dat slechts een fantasie?
Of is het wat uiteindelijk werkelijk zal gebeuren
Als we proberen de geschiedenis te veranderen?

Maar toch heb ook ik toekomst visioenen
Ik ben bang, de golven overspoelen me
Oorlog na oorlog als we niet oppassen
We scheppen zelf de wereld waarin we leven
Het stoppen met roken maakte me gek, in 1978
Lang geleden, daarom kreeg ik medicijnen
Tegen het willen stoppen met roken?
Een vreemde gedachte, wat achterdochtig ook

Thomas de Haan

We have to stop to see ourselves as Sons of Gods
While we are just ordinary people, descending of apes
Which are or were maybe a little bit wiser then we
We are indeed just but stark naked apes
There is no God who can change a thing about that
Haughty we pretend to be the rulers of
Cosmos, although we are not more than cosmopolitans

Future fantasies, who contrives a thing like that?
Expectations we are allowed to have maybe
And these perhaps sometime at last will really happen
When we work together to reach it, maximal democracy
When a thing like that is possible of course
Own responsibility, are we afraid of that?
Do we shrink back for that so severe?
I too, I am responsible for my own deeds
About which I want to decide, nobody else
Here am I, I can't manage else than I do
I do what I do and nothing, no nothing else
Sometimes it seems as if I handle against myself
But also then I my Self am responsible for it

The adversary of what I claim, is that my Enemy?
Or is also he or she searching for a good solution
Of the dilemmas and paradoxes of time?
'The man who enfolded himself', is that but a fantasy?
Or is it what really will be the utterly outcome
When we try to change the history?

But though also I have future visions
I am afraid, the waves overrun me
War after war if we do not beware
We create ourselves the world we live in
Stop smoking made me mad, in 1978
A long time ago, that's why I got drugs
Against wanting to stop smoking?
A strange thought, a little bit paranoid too

Freude

Soms lijkt het alsof anderen bezorgder zijn over mij
Dan ik zelf ben en dat kan eigenlijk niet, vandaar
Het lijkt me dat u het laatste niet moet tegenspreken

Oma, van moederszijde, was bijna blind en doof
Ze kon voelen maar horen en zien haast niets
Ik kneep eens in haar hand, zachtjes kneep ik in haar hand
Ze kneep boos terug omdat het haar pijn deed

Tandeloos, wie is er bang van de tandarts?
Die je impotent maakt op elk gebied?
Zonder tanden is helemaal niet zo goed te leven
Sabbelen als een klein kindje kun je nog wel
Maar niet zo heel veel meer dan dat, sabbelen
Zodat de ouderen wederkeren als de jongeren
Het is helemaal geen grapje wat hier geschreven staat?

Salomo de wijze koning van Israel
Vergiste zich misschien ook wel eens
Want wie kreeg het kind, de goede of de foute moeder?
Ook dit is verkeerd te begrijpen
Het staat niet duidelijk in mijn Bijbel
Maar dat moet misschien een 'vergissing' zijn
De moeder die het goede wou
Of juist die andere vrouw, de verkeerde
Ook mijn betoog is hier dus dubbel
Zegt hier u deze toch wel enigszins geleerde

Wat krijg je later op je brood?
Als je loopt op het *kroos der sloot*
Water, je water, kun je daar op lopen?
Laat je dan toch maar liever 'dopen'
Dubbel, dubbel is alweer dat laatste woord
Giftig, ben ik giftig, nee, jij bent gestoord
Vergeef mij als ik verkeerde dingen zeg
Ik kan niet anders want de strijd is beslecht
De Hemel bestaat namelijk helemaal niet echt

Thomas de Haan

Sometimes it seems that others care more about me
Than I care about myself and that is not possible, is it
It seems to me that you must not contradict the last

Granny, my mother's mother, was almost blind and deaf
She could feel but hear or see almost nothing
I pinched her hand once, softly I pinched her hand
She pinched back angry because it was painful to her

Toothless, who is afraid of the dentist?
Who makes you impotent in every way?
Without teeth it is not easy to live at all
Suck like a little baby you still can
But not that very much more than that, sucking
So that the elders come back as the youngsters
It isn't quite a joke at all what is written here?

Salomon the wise king of Israel
Maybe sometimes was mistaken too
Because who got the child, the true or wrong mother?
Also this can be understood wrong
It isn't thrown down clear in my Bible
But that maybe must be a human 'mistake'
The mother who wanted the good
Or just that other woman, the wrong one
Also my reasoning here thus is double
Says here this though a little bit learned man

What do you get later on your bread?
When you walk on the *waters crossing*
Water, your water, can you walk on that?
Let rather then yourself baptize or 'dope' though
Double, double again the last word is
Poisonous, am I poisonous, no you are weird
Forgive me when I say the wrong things
I can't do otherwise because the struggle came to an end
Heaven namely in reality does not exist at al

Freude

En dan dus ook gelukkig niet de Hel
Het laatste dan, begrijp dat nu maar wel
Verdoem niet ook maar iemand tot eeuwig lijden
Of juist Hij of Zij zal u bestrijden

De Waterman zoekt zijn of haar uitweg
De profetie was immers al zonneklaar
1992, onze dromen worden eindelijk waar
Raak ik nu bij u een of andere snaar?
Theoretisch kan dit misschien wel zo zijn
Maar daarin echter zit hem juist het 'venijn'
Het kan allemaal wel zo zijn in theorie
Maar gaat het praktisch op, paardje raden
Op opa's knie, wat heeft hij met je voor?

Luister nu naar mij, mijn zoete schone fee
En volg mij naar mijn huis heel gedwee
Aan je haren, nee, aan je haren zal ik je niet slepen
Tenzij je met mijn 'vijanden' steeds blijft dwepen
Denk niet dat ik je zal bedriegen met enig ander
Laat we ons nu haasten om te komen tot Elk Ander
Hoog, heel hoog gaat nu dit lied
Nee, ik wil niet in het minst uw verdriet

Getroffen heeft mij nu het Lot
Verstoken van wat is uw Slot
Nu dat moet dit maar ten einde komen
Morgen, morgen zal ik weer wat van dromen
Als een Jozef K..., die werd gearresteerd
Hij had niet geleerd wat ware gerechtigheid is
Zodat hij van Liefde bleef verstoken
Uiteindelijk en nu geheel gebroken
Werd ook Jozefs K. zijn wil gebroken
Maar het laatste dan is dat de rechtvaardigheid?
Van de genotzuchtigen onder u te tellen
Zo vele Sterren zullen dit loflied zingen
Want ook ik, ik kan me niet bedwingen

Thomas de Haan

And then thus also happily not Hell
The last then, but understand that well now
Don't condemn even anyone to eternal suffering
Or properly He or She will struggle with you

Aquarius will find his way out
The prophesy indeed already was very clear
1992, our dreams will at last come true
Do I hit now some snare with you?
Theoretically this maybe just could be
But in that there is just the 'vinegar'
It just all just could be in theory
But does it go up practically, horse riding
On granddaddy's knee, what does he expect of you?

Listen now to me, my sweet beautiful fairy
And follow me to my house very docile
On your hairs, no, on your hairs I won't drag you
Unless you ever stay fanatical with my 'enemies'
Don't think I will cheat you with some other
Let us haste now to come to Every Other
High, very high this song now goes
No, I don't want you to suffer in the least

I have been struck just now by the Lot
Deprived of from what is your Slot
Now then this has but to come to an end
Tomorrow, tomorrow I will again dream about it
Like some Josef K... who was arrested
He hadn't learned what true justice is
That's why he stayed deprived of Love
Ultimately and totally broken now
Also Josef K. his will was broken
But the last then is that then to justify?
Of the searchers for pleasure to count under you
That many Stars will sing this song of praise
Because I too, I can't control my self

Freude

Ook ik toch zoek als een of andere moede hinde
Naar het water waar zij nog steeds wacht
Om mijn dorst te lessen als geslacht
Ook mijn hart verlangt een Godin te vinden
God, geef mij, geef mij toch *watt* kracht
Nu dat ik op U wacht in het donker van de nacht
Maar heb ik dit misschien helemaal vergeefs betracht?
Nooit, nee nooit zal ik meer een vrouw bedriegen
Of ben ik alweer wat vieze leugens aan het spreiden?

Wreek mij omdat ik deze woorden tot U spreek
En naar Uw lieve goedgunstige gaven smeek
Want woorden, het zijn gewoon slechts woorden?
Kunnen woorden U dan echt vermoorden?
Dat denken enkel toch al te zeer gestoorden
Dus mijn lieve bruid, doe maar je slipje uit
Ik zal je verslinden met haar en huid

Want dat is het wat ik zeker wil
Alles eten wat jij ook aan het eten bent
Als ik maar niet veel mensen daarbij vergeten zal
Hoe groot inderdaad is hun eindeloos getal
Zou iemand alle Sterren in het Universum kunnen tellen?
Die zich in hun naaktheid aan mij toonden
Misschien kwamen zij uit verdriet
Gewoonlijk is het niet zo heel erg vies
Het is maar hoe je deze zaken ziet

Bedrog, is het allemaal smerige bedriegerij?
Daarom, wil je dat ik een beetje met je Vrij?
Leg me uit hoe ik hiermee klaar moet komen
Ik immers ben helemaal niet zo een heel erge vrome
Zegt alweer deze slome onhandige duikelaar
Ik vind het eigenlijk wel een beetje naar
Dat ik ben nu niet in de goede gelegenheid
Waarin een lieflijk wicht me een beetje opvrijt
Wie dan wel ooit zegt dat ik niet mag rijmen?

Thomas de Haan

Also I though search like some tired doe
To the water where she is still yet awaiting
To quench my thirst like being slaughtered
Also my heart desires to find a Goddess
God give me, give me though *watt* strength
Now that I wait for Thou in the dark of the night
But did I practice this maybe totally in vain?
Never, no never again I will cheat a woman
Or am I spreading dirty lies a bit again?

Revenge me because I speak these words to Thou
And am beseeching for Thy dear kind goodwill
Because words, it are just but words?
Could words really murder Thou then?
That only think the too severe mentally deranged
Thus my dear bride, take off your slip
I will swallow you with hair and hide

Because that is it what I want for sure
Eating everything you are eating too
When but I won't forget too many people with that
How big indeed is their endless number
Could anyone count all the Stars in Universe?
Which showed themselves to me in their nudity
Maybe they came out of sorrow
Usually it isn't that filthy at all
It is only how you think about these things

Cheating, is it all dirty cheating?
That's why, do you want me to make Love to you a bit?
Explain to me how I must come clear with this
I actually am not that very pious at all
Says again this dull clumsy tumbler
I think it is properly unpleasant a little bit
That I am not in the right opportunity now
In which a lovely babe plays about to me a bit
Who ever then says I am not allowed to rime?

Freude

Rijmdwang is misschien wel verkeerd
Maar Wie heeft me rijmen geleerd?
Mag Hij mij ook geen dwang opleggen?

Jij bent het, jij aller schoonste der vrouwen
Tot wie ik me nu beken, ik vind het leuk
Tot je te zingen mijn lied van verlangen
Een beetje nog in de leer of weer
Ten einde naar je gunsten te dingen
Onuitsprekelijk bedroefd was ik bij je afscheid
Omdat ik kan niet buiten je, niemand kan ik missen
Ook niet zij die me bedriegen af en toe
Waarom zou ik hen aanklagen, ze hebben zichzelf ermee
Waarom zou ik over hen Koning spelen

Rustig nu dan maar, de '*Russen*' beschermen mij wel
Tegen doldrieste veroveraars van vrouwen
En moet ik niet ook zelf optreden als hun toevlucht
Tot wie ze komen kunnen als ze zich bedreigd voelen
Bijna nu toch wel moet ik hier uitgesproken zijn
Want ik wil het leed van mensen niet
Daarom, dit is een verzwakt virus
Dat kwalen kan genezen?
Uit liefdeloosheid komen deze voort
Waarom strijd voeren tegen wie dan ook
Het is toch allemaal om mezelf begonnen
Waarom me afmartelen, een al te hoge prijs
Sterven zal ik, niemand kan dat tegengaan
Maar sterven voor een doel dat niet van mij is
Dat wil ik niet, niet een wapen in andermans hand

Grijpen naar wapens tegen de slechtheid
Van de wereld, heeft dat dan zin?
Dan moet je toch die wapens met zorg uitkiezen
Het wapen van het woord is het beste
Zoals: M i z u: Maak ikzelf uit
Tegen hen die jou willen dwingen tot verkeerde daden

Rime pressure maybe that is wrong
But Who taught me how to rime?
Is He also not allowed to press me?

You are it, you most pretty of all women
To whom I confess me now, I think it is fine
To sing to you this song of desire of mine
A little bit learning and busy still
To bargain at last for your favours
Unutterable grieved I was with your parting
Because I can't do without you, I can't miss anybody
Also not those who are cheating me off and on
Why should I accuse them, let them ordeal them selves
Why should I play some King over them?

Quiet but then now, the '*Russians*' will protect me
Against reckless conquerors of women
And mustn't I myself act as their refuge
To whom they can come when they feel threatened
Almost now I must have spoken enough here though
Because I don't want the suffering of people
That's why this is a weakened virus
Which can heal illnesses?
Out of lovelessness these do come
Why struggle against whom ever
It just all is in behave of my self though
Why torturing myself, a too big prize
I will die, nobody can prevent that
But to die for a goal that isn't mine
That I don't want, not the weapon in another mans hand

To grab for weapons against the badness
Of the world, does that make any sense then?
Then you have to choose out these weapons with care
The weapon of the word that is the best
Like I m o m s, I make out myself
Against them who want to force you to wrong deeds

Freude

En ook: Ik Niet, het gaat ook om vrijheid
Maar niet alleen dat, rechtvaardig moeten we ook zijn
Als ons oordeel maar niet te hard is
We mogen eigenlijk helemaal niet oordelen
Maar we doen het toch heel vaak
Wat je anderen toewenst zal jezelf gebeuren
Dat is een waarheid als een koe

Is wat is zeg gevaarlijk, voor wie dan wel?
Huizen afbreken waar je voor gevaar kan schuilen
Dat moet je niet doen
Je vrienden moet je te vriend houden te allen tijde
Maar ook je vijanden, die je belagen
Probeer ook wat vriendelijker tegen hen te zijn
Een ieder is zich zelf het meest na
Dat klopt hoewel het wat egoïstisch klinkt
Maar dat is het niet echt, want logisch
Het is ook niet erg als je eerst aan je ego denkt
Als je maar niemand van je liefde uitsluit

Ik '*heb ook een broertje dood*' aan groepsnarcisme
De Vrijheid met een Hoofdletter van de Eén
Mag de vrijheid van anderen niet inperken
Macht omwille van de macht over anderen
Geheel en al verkeerd is dat, je kunt niets afdwingen
Het moet allemaal uit vrije wil

III

Altijd hadden ze klaar gelegen, de Tijd Ruimte Poorten
Het schild van Enea zorgde dat niemand er door kon
Want rampzalig zou zijn als agressors er door gingen
Om de toekomst ten kwade te veranderen ten eigen bate

Ook ik ontdekte op deze poorten op zeker moment
En kreeg toestemming de toekomst te zien
Het is echter een geheim dat ik niet vermag verraden

And too: Not Me, it handles of freedom too
But not just that, we have to be righteous too
If but our ordeal is not too hard
We are actually not allowed to ordeal
But we do that very often though
What you want to happen to another will happen to you
That is just a true thing like a cow

Is what I say dangerous, for whom then?
Breaking down houses where you can hide for danger
You mustn't do that
Your friends you always have to let be your friends
But also your enemies, they who threaten you
Try to be somewhat friendlier to them too
Everyone is his self's nearest neighbour
That is right although it sounds egoistic
But that it isn't in reality, because logical
It is not evil too when you think firstly at your ego
When you but don't exclude anyone from your love

I *'have a little brother dead'* of group narcissism too
The Freedom with a Capital of the One
May not restrict the freedom of other ones
Might meant for the might over others
Totally wrong is that, you can't force anything
All of it has to happen out of free will

III

Always they had been there, the Time Space Gates
The Shield of Enea cared that no one could enter
Because it would be wretched if aggressors went through
To change future to the bad for own purposes

Also I discovered these gates at a certain moment
And was allowed to see the future
It is however a secret which I am not allowed to give away

Freude

Alleen zij die het gezien hebben mogen het zien
Alleen mensen van goede wil, niet zij die kwaad willen
Cryptisch alleen mag ik er over spreken
Zodat alleen zij begrijpen die dat mogen
Alleen iemand die ver genoeg is geëvolueerd
Kan zin van onzin onderscheiden, altijd was dit zo

Denk niet dat ik gemakkelijk in deze plaats kwam
Ik moest lang zoeken, ik was helemaal verdwaald
Door ingewikkeld taalgebruik van andere schrijvers
Daarom schrijf ik zelf korte zinnen
Zodat zelfs een kind ze kan begrijpen?
Mijn redenering is al moeilijk genoeg
Daarom kies ik mijn woorden zorgvuldig
In een gedicht dat toch een verhaal is
Ik weet alleen niet of ik zo onderhoudend ben
Als u niet van lezen houdt zult u het niet lezen
Ik vind dat wel jammer, ik zou u iets willen leren
Dat elk mens gelijke rechten heeft
Ik zeg niet: ''Alle mensen zijn gelijk'', dat is niet zo
Daarom juist zijn mensen zo interessant

De aangesneden onderwerpen interesseren u?
Of niet, dan leest u het maar niet
Want het maakt niet veel uit of u me beleest
Ik kan u niet overtuigen als u zich verzet
Als u een andere mening hebt, blijft u bij die mening
Ik kan daar niet al te veel aan veranderen
Niet meer dan u zelf wil, toegeven doet u niet
Misschien heb ik gelijk, misschien vergis ik me
Dat is ook niet erg; uiteindelijk komt het wel goed

Het verhaal loopt hier nog niet ten einde
Ik heb bepaald dat er nog wat meer bij komt
Hoewel het geen zin heeft dit alles
Mijn enig doel is u te vermaken
Met woordgrappen, wat eigenlijk niet mag?

Only they who have seen it are allowed to see
Only people of good will, not they who want the bad
Cryptically only I may speak about it
So that only they understand who are allowed
Only someone who has been evolved far enough
Can distinguish sense from non sense, that was always so

Don't think that I reached this place easily
I had to search for a long time, I had lost my way totally
By complicated tongue use of other writers
That's why I myself write in short sentences
So that even a child can understand it?
My reasoning is difficult enough already
That's why I search out my words with care
In a poem that is a story though
I only don't know if I am that entertaining
When you don't like reading you won't read it
I think this is a pity, I would like to teach you something
That every man or woman has equal rights
I don't say: ''All people are equal'', that is not true
That's just why people are that interesting

The quoted subjects are interesting for you?
Or not, don't read them then
Because it doesn't matter much if you read me or not
I can't convince you when you resist
When you have another meaning, you stay with that meaning
I can't change that much about that
Not more than you want yourself, you don't admit
Maybe I am right, maybe I am mistaken
That doesn't matter too, in the end it will be right

The story doesn't end here yet
I have defined that somewhat more comes still
Although it doesn't make sense this all
My only goal is to amuse you
With word jokes, what actually is not allowed?

Freude

Maar zo zeer laat ik me niet de wet voorschrijven
Door Schriftgeleerden die denken dat ze beter weten
Overigens, elke goede schrijver doet het juist
Omdat de wet zegt dat het verboden is
Dus dit voegt dus niets toe aan wat al is gezegd
Ik dien u geheel, ik ben uw knecht

Verliefd, verliefd ben ik op alle mensen
Ik ben dan wel niet homoseksueel
Maar ik houd toch ook wel van mannen
Alleen seksueel gezien stoot hun lelijkheid me af
Ik begrijp u, ik ben niet zoveel anders dan u
Vrouwelijk ben ik ook wel een beetje
Seks met mannen wil ik echter niet
Waarom zou ik dat doen, er zijn vrouwen voldoende
Maar ik spreek over homoseksuelen geen oordeel uit
Omdat ik het recht daartoe niet heb
We mogen niemand discrimineren
Dus discrimineer ook mij niet, ook ik heb mijn rechten
Vrienden heb ik voldoende, hoe dan ook

Ik houd niet zo van autoritaire mensen
Die me zeggen, doe dit, doe dat, maak ik zelf uit
Ook God gaf me geen opdracht, ik wil ook dit zelf
Of toch zeker wel een beetje, voor de helft
Want twijfel blijft altijd bestaan
Doe ik het goed zo, waarom zijn bananen krom
Kromtaal, spreek ik kromtaal, kan het anders dan?
Alle schrijven is vol kromtaal als je het goed bekijkt
Leugens, nee, leugens zijn dit niet, niet echt
En het is ook heus wel serieus bedoeld, ook elke grap
Het komt soms hard aan maar het kan niet anders

Geef die bal een trap, een doelpunt maken
Het is allemaal alleen maar spel, brood en spelen?
Opdat wij mensen ons toch maar niet vervelen
Want ledigheid, daar legt de duivel zijn oor op

But that much I don't let describe the law to me
By Scribers who think that they know better
Apart from that, every good writer just does it
Because the law says it isn't allowed
Thus this doesn't add something to what is said already
I serve you totally, I am your knight

I am in love, I am in love with all people
Although I am not homosexual
But I still love men though
Only sexually seen their ugliness repels me
I understand you, I am not that much different from you
Female too I am just a little bit
Sex with men however I don't want
Why should I do that, there are women enough
But I don't speak out an ordeal over homosexuals
Because I have not the right to do so
We are not allowed to discriminate anyone
Thus don't discriminate me too, also I have my rights
Friends I do have enough, however

I don't like people that much who are authoritative
Who order me, do this, do that, I want to decide myself
Also God didn't order me, I want this myself too
Or for sure a little bit, for the half
Because doubt will always stay existing
Am I doing right this way, why bananas are crooked?
Do I talk in broken tongue, could it be done otherwise?
All writing is full of broken language when you look right
Lies, no this are not lies, not really
And it is just meant seriously too, also every joke
It hits hard sometimes but it can't be done otherwise

Give that ball a kick, make a point
It is just is a game only, bread and playing?
In order that though us people don't have to weary
Because idleness is the parent of vice

Freude

En hij fluistert je verkeerde dingen in
Want oreren tegen anderen heeft geen zin
Dom, ben ik dom, dat ben je lekker zelf
De bal terugkaatsen, wie wordt daar boos over?
Schelden doet geen pijn toch, of wel
En ook dat dus is helemaal niet waar
Dus houdt op jullie, met mensen, zelfs kinderen, pesten
Laat een ieder in zijn waarde, niet zo gemeen

Al ben ik dan een beetje heel erg vreemd
Ik ben heus wel goed bij mijn hoofd, ik weet wat ik doe
Waarheden zijn dit allemaal, waarheden als een koe
Een koe is slimmer dan een Belg, grappen Hollanders
Zolang dat goedmoedig gaat is het niet zo erg
Maar het moet geen menens worden, of wel?
Oorlog komt daarvan, van elkaar voor de gek houden
Ik ben uw medicijn en u die van mij
Het maakt niets uit immers, u bent even gek als ik

Wachten nu dan toch nu maar even
Voordat ik verder ga, anders verlies ik mijn verstand
Ach, wat zou dat, ik maak me toch niet van kant
Het moet afgelopen zijn, maar nog een beetje wachten
Ageren een beetje tegen hen die vrouwen verkrachten
En slaan, gemeen, en vanwege welke reden?
Een vrouw is toch zeker niet minder dan een man
Bedenk dan dat slechts een vrouw baren kan

Zal ik nu weer een liefdesliedje zingen?
Erotisch, dat mag nu toch zeker weer wel?
Schaamte lijkt me een beetje ongepast
Want een ieder heeft deze gevoelens
Maar wie heeft dan de meeste kracht?
De avond is pas begonnen, het is nog geen nacht
De hele avond nog kan ik wat schrijven
Even nu, kom nu niet tussen beide:
Lieve vrouw, laat me je nu eens goed bekijken

The devil whispers wrong things into your ear
Because orating against others doesn't make sense
Stupid, am I stupid, look at your self
Strike back the ball, who gets angry about that?
Calling each other other names doesn't hurt, does it
And also that thus isn't true at all
Thus stop you, to tease men, women, even children
Let anybody act in his way, don't be that mean

Although I am just a little bit very weird
I just am not totally crazy, I know what I do
These are truths all of these, truths like a cow
A cow is smarter than a Belgian, Dutchmen make jokes
As long as this is done good-natured it isn't that bad
But it doesn't have to be to hurt people, does it?
War comes from that, from making a fool of each other
I am your drug and you are mine
It makes no difference, does it, you are just as mad as me

Waiting then now though for a little time
Before I go farther, otherwise I loose my mind
Alas, what should that matter, I won't kill myself though
It has to come to an end, but I am still waiting somewhat
Agitating a little bit against them who rape women
And hit, mean, and for what reason?
A woman isn't less then a man though
Consider then that only a woman can give birth

Shall I sing a little love song now again?
Erotically, that is allowed though now again?
Shame seems a little bit improper to me
Because everyone has these feelings
But who then is the most powerful?
Evening has just started, it still isn't night
The whole evening still I can write a bit
For a moment now, don't interfere now:
Dear woman, let me watch you well now

Freude

Ik wil je nu ook aanraken maar mag dat?
Of heb je liever dat ik mijn handen thuis houd?
Ook dat zal ik dan doen, ik doe wat jij wilt
Het is op een oortje na nu toch gevild
Geef me je hand, ik zal hem lezen
Ook daarin ben ik heel bedreven
Omhels me en troost me voor het feit
Dat ik moet wachten nog, tot ook jouw spijt?
Ik mag je niet al te zeer verleiden
Maar we komen eens samen, niet te vermijden
Vind je het problematisch, ik ook
Er is geen antwoord op elk probleem
Formatteren, opnieuw beginnen?
Ook daarmee toch is niets te winnen

Wat meer Vrede maar nu tussen ons beiden
Maar soms is ruzie bijna niet te vermijden
Laat ons elkaar niet al te zeer tegenspreken
Ik zie je weer over een paar weken
Jij mag nu met vakantie om wat uit te rusten
Van je bezorgdheid, je bezorgdheid over mij

Mijn lief is weg, ze heeft '*heilige dagen*'
Misschien bedriegt ze me met een ander
Wat kan het me schelen, dan doe ik dat ook
We houden hoe dan ook wel van elkaar
Al wordt ze verliefd op enig ander
Jaloersheid is toch zeker ook verkeerd?
Niet alleen begeren, jaloersheid is een soort begeren
Moet ik hier ten slotte nog een beetje beweren

Bezitten, bezittingen willen is niet goed
Diefstal ook niet van wie niets heeft
De rijken stelen van de armen
Zij kopen hun arbeidskracht, maken hen tot slaven
Wat geeft het, denken ze, het zijn maar dwazen
En misschien is dat helemaal niet verkeerd gedacht

47

Thomas de Haan

I want to touch you now too but is that allowed?
Or do you rather have that I don't do that?
I won't do that then; I will do what you want
Waiting has come to an end almost now
Give me your hand, I will read it
Also in that I am experienced very well
Embrace me and comfort me for the fact
That I have to wait still, also to your regret?
I am not allowed to seduce you much too much
But at some time we will come together, it can't be avoided
Do you think it is some problem, I too do
There is no answer to all problems
Formatting, beginning anew?
Also with that can't be won a thing though

Some more Peace but now between us two
But sometimes struggling can't be avoided
Let us not contradict too much with each other
I will see you again in some weeks
You may take holidays now to rest somewhat
From your sorrows, your sorrows about me

My dear has gone, she has '*holy days*'
Maybe she cheats me with someone else
I don't care, I will also do that then
We do love each other anyhow
Also when she falls in love with someone else
Jealousy is wrong too, isn't it?
Not only eagerness, jealousy is a kind of eagerness
I have to make a statement here a little bit yet

Possession, to want properties isn't right
Stealing also not from who has nothing
The rich steel from the poor
They buy their labour, make slaves of them
What does it matter, they think, it are just fools
And maybe that isn't thought wrong at all

Freude

Want dwazen zijn we immers allemaal?
Kom toch mensen, we spreken toch dezelfde taal
Waarom dus zouden we dus ook geen vrienden zijn

Ben ik het die *steekt een spaak tussen uw wielen*?
Dan bent ook u, ook u bent uitgekozen
Te scheppen een tuin vol met rozen
Ik beloof u niets, u ook moet het zelf doen
Die rozentuin scheppen en denk dan niet aan poen
Want geld, echt, dat maakt niet gelukkig
Veel geld helemaal niet, dan heb je meer zorgen
Schreef Marten Toonder al, in 'De Bovenbazen'
Geldwolven zijn eigenlijk toch de grootste dwazen

IV

Dit jaar stierf mijn vader na een hevige doodsstrijd
Daardoor ben ik wat meer over de dood gaan nadenken
Niet dat ik dat niet al eerder deed
De dood, eens moeten we *er allen aan geloven*
Hoe zeer dat ons ook tegenstaat
Wat dan wel is sterven?, toe sterven naar het Leven
Zei eens iemand tegen me als een soort troost

Maar is dat wel een troost?
Leven met een Hoofdletter
Of moet je juist bang zijn voor die Hoofdletter?
Opdat je niet te eenvoudig van het leven afscheid neemt
Want we weten geen van allen wat daarna komt
Hoop mogen we wel hebben op een beter leven
Eigenlijk hebben we dat wel een beetje verdiend, toch
Na een leven vol pijn, bent u dat met me eens?
Of dit lijden nu lichamelijk of geestelijk was

Maar we weten in feite niet wat ons wacht
Dat is zeker ook waar, maar zal het erger zijn?
Dan het leven zelf, dat zal toch niet waar zijn!

Thomas de Haan

Because all of us are just fools, aren't we?
Come on people, we speak in the same tongue, don't we
Why thus we wouldn't be just friends too

Is it me who *sticks a spoke between your wheels*?
Then you too, also you are chosen out
To create a garden full of roses
I don't promise you anything, you too must do it yourself
Create that rose garden and don't think about dust then
Because money, really, that doesn't bring happiness
Much money not for sure, then you have more worries
Marten Toonder already wrote in 'The Upper Ten'
Money wolves actually are the greatest fools

IV

This year my father died after great death struggle
Caused by that I began to think more about death
Not that I didn't do that before already
Death, sooner or later we *all have to believe in it*
However much we dislike that
Whatever then in fact is dying?, to die to Life
Someone once said to me as a kind of consolation

But is that really a consolation?
To Live with a Capital
Or do you just have to be afraid of that Capital?
In order that you don't bid farewell too easy from life
For none of us knows what lies behind
Hope we are allowed to have for a better life
Properly we have earned that a little bit, don't we
After a life full of pain, do you agree with me?
Whenever this suffering was bodily or ghostly

But we actually don't know what awaits us
That fore sure is true too, but would it be more severe?
Then life itself, that wouldn't be true though!

Freude

En juist dat is het dat ons van zelfmoord weerhoudt
Soms, we komen er niet zo gemakkelijk vanaf
Het leven moet geleefd worden, hoe dan ook
Met alle strijden en met alle lijden van dien
Elk huis heeft zijn eigen kruis, ook dat is waar
Laat niemand beweren dat hij meer te lijden heeft
Dan een ander, dat kan hij of zij niet weten
Ook geestelijke pijn is namelijk heel erg
Ik ben lichamelijk heel gezond maar dit zegt niets
Over wat ik aan pijn ervaren heb, ben je gek!

Ik wil ook niet beweren dat geestelijke pijn erger is
Ook dat is niet waar, wat sommigen ook zeggen
'Martelaartje' spelen, ik raad het een ieder af
Want het is waar wat de voorman tot me zei:
Ik probeerde dat inderdaad te doen in die tijd
Het heeft geen zin, daardoor wordt de wereld niet beter
Hoe dan ook, ik deed het voor mezelf, voor mij alleen
Ook dit schrijven, ik kan beter maar gaan werken
Ook dat is waar maar wat moet ik anders
Nu geeft niemand me toch nog werk?
Aan het virus dat in computers sluipt

Noem me Satan, noem me Satan dan
Van 'Lucifer', het Licht, zijn we het meest bang
Liever doen we het verkeerde
En geven de verleider de schuld
Jij ook, Thomas, schaam je, schaam je diep

Te gek voor woorden zijn deze dingen allemaal
Vals, heel vals, hoor ik u zeggen
Dat is waar, vele 'valse' profeten zullen opstaan
De ware profeet, er is geen ware profeet
Een ieder denkt dat hij de waarheid in pacht heeft
Dat is het probleem, gelijk willen hebben is fout
Je moet niet al te 'gelijkhebberig' zijn
Ook ikzelf ben dat nog steeds veel te veel

Thomas de Haan

And just that is what restrains us from suicide
Sometimes, we don't come off of it that easy
Life has to be lived, has to be lived anyhow
With all struggles and all sufferings whatever
Every house has its own cross, also that is true
Let nobody declare that he or she has more to suffer
Then someone else, he or she can't know
Also ghostly pain namely is very bad
Bodily I am very healthy but that doesn't say a thing
About what pain I have experienced, are you mad!

I don't want to say too that ghostly pain is worse
Also that isn't true, whatever some ones say
'To play the martyr', I advise everybody against that
Because it was true what the foreman said to me:
I tried to do that indeed in that time
It doesn't make sense, with that the world doesn't better
However, I did it for myself, for me only
Also this writing, I better could go working
Also that is true but how can I do that
Now nobody will give me work again though?
To the virus that creeps into computers

Call me Satan, call me Satan then
From 'Lucifer', Light carrier, we are most afraid
Rather we do the wrong thing
And blame the seducer for it
You too, Thomas, shame to you, shame yourself deep

Too mad for words all these things are
False, very false, I hear you speak
That is true, many 'false' prophets will stand up
The true prophet, there is no true prophet
Everyone thinks his own truth the best
That is the problem, to think you are right isn't right
You must not be a 'better knower' too much
Also I myself am that still much too much

52

Freude

Dat ik dat nu inzie verandert daar niet veel aan eigenlijk
Maar de wereld kan ik niet naar mijn hand zetten
Omdat we niet gelijk zijn maar gelijkwaardig wel
Tenminste, dat zouden we moeten zijn
Dus laat ook ik dus een ieder in zijn of haar waarde laten
Ik weet het heus niet beter dan God
Beken ik hier nu onbeschroomd, onbeschaamd
Want daarvoor hoef ik me toch niet te schamen
Almachtig, nee, Almachtig ben ik zeker niet
Dus ik geef nu mijn zaken uit mijn handen
In de handen van u allen, samen God
En het laatste, dat is toch zeker waar
Alleen samen kunnen we de wereld overwinnen
Elk van ons is immers een kind van God
Hoogmoedig eigenlijk dat recht voor jezelf op te eisen
Vergeet niet dat Jezus zijn vader en moeder niet eerde

Maar laat ik niet al te veel afgeven op het 'Lam'
Ik wil degenen die in Jezus geloven niet kwetsen
Maar we mogen het eigenlijk niet aan één overlaten
We moeten allen in zijn voetsporen treden
Maar ik begrijp heel goed dat ook ik dat niet kan
Ikzelf ook niet, ook ik wil mezelf niet offeren
Offer liever een Ram zei God tot Abraham
En die 'Ram', dat is toch ook een Sterrenbeeld
Evenals 'Maagd', de 'Maagd' Maria
Maria Magdalena, dat verband kun je ook leggen

Voorspellen de Sterren de toekomst?, soms lijkt het zo
Maar dan toch wel op een heel cryptische manier
Voor meerdere uitleg vatbaar, zijn het tekenen?
Je kunt overal toch wel verbanden zien
Een doekje voor het bloeden, menstruatie?

Waarom ik Jezus soms als 'Je zus' schrijf?
Gewoon omdat dat kan en het is toch zo
Dat ook vrouwen veel te lijden hebben

That I see that now doesn't change a thing about that
But I can't put the world running at my hand
Because we are not equal but we have equal rights
At least, we should have to have these
Thus let I too leave everyone in his or her worth
I don't know better then God, do I
I confess now undaunted, not ashamed
Because about that I don't have to shame myself, do I
Almighty, no, I am not Almighty for sure
Thus now I give my businesses out of my hands
In the hands of all of you, together God
And the last thing, that is true for sure, isn't it
Only together we can conquer the world
Every one of us is a child God, isn't he or she
Haughty actually to claim that right for yourself
Don't forget Jesus didn't honour his father and mother

But let me not accuse the 'Lam' too much
I don't want to hurt people who believe in Jesus
But we actually are not allowed to leave it to one person
All of us have to tread in his footsteps
But I understand very well that I too can't do that
I myself too can't, also I don't want to sacrifice myself
Sacrifice rather a Ram said God to Abraham
And that 'Ram', that is just a Star Sign too though
Just like 'Virgo', the 'Virgin' Mary
Mary Magdalena, you can also see it that way

Do Stars prophesize future?, sometimes it looks that way
But then though in a very cryptic way
To be explained in many ways, are they signs?
You can see a connection in everything though
Some cloth for bleeding, menstruation?

Why I write Jesus sometimes as 'Je zus'?
Just because that is possible and it is true though
That also women have a lot of suffering

Freude

Het lijden van anderen kun je niet wegnemen
Niet eens je eigen lijden, het gebeurt gewoon
Ik dek me toch wel wat te veel in eigenlijk
Door mezelf op veel punten weer tegen te spreken
Maar kan dat anders, ik moet weerstand bieden
Om je sterven vragen, dat is toch God verzoeken!
Opdat Engelen je van de aarde zullen wegdragen
Waar moet je dan heen, naar de Hemel?
Waar dan wel is dat, toch binnenin ons!
Niet ergens heel ver weg, ergens in de ruimte

Gezwam in de ruimte ook dit allemaal
We mogen niet naar de Hemel reiken
Want dit brengt ons in de war, geen oorlog voeren
Tegen de Sterren, te hoog gegrepen

Ik zei al: ''De wereld kan niemand overwinnen''
Wie dan wel is 'niemand', ook ik toch niet!
Een beetje een vreemde gedachte is dat
Dat je een niemand zou kunnen zijn
Dat bestaat toch niet: je weet toch dat je bestaat
Maar dat kan je alleen van jezelf zeker weten
Geloven dat ook anderen dus bestaan, dat doe ik
Als er één is, zullen er ook wel meer zijn
En ik neem ook waar dat anderen leven
Ik zie en neem waar dat een ieder gevoel heeft
Het is vreemd dat ik hieraan gedachten wijd
Misschien heeft dat enige zin voor mijzelf
Ik probeer een beetje te veel te bewijzen
Wat helemaal niet kan, je kunt niets bewijzen
Op geloven komt het aan, ik geloof het wel dus
Ik wil alles wel geloven wat gebeurt
Behalve als alles me een beetje teveel wordt
Het bestaan is al een soort wonder, niet waar

Misschien ben ik te ongeduldig, te veel ongeduldig
Het gaat me niet zozeer om het geld, echt waar

Thomas de Haan

The suffering of others you can't take away
Not even your own suffering, it just happens to be
I safeguard myself a little bit too much actually
By contradicting myself at a lot of points again
But can it be done otherwise, I have to resist
To ask for your death, that is tempting God, isn't it!
In order that Angels will carry you away from earth
Where do you have to go then, to Heaven?
Wherever then is that, inside of us though!
Not somewhere far away, somewhere in space

Jawing in space also this all is
We are not allowed to reach for Heaven
Because we get confused by that, don't make war
Against the Stars, seized to high

I already said: ''Nobody can conquer the world''
Whoever then is 'nobody', I too am not though!
A little bit weird thought indeed that is
That you could be a nobody
That doesn't exist, you know that you exist though
But that you can only know for sure of yourself
I believe that thus also other ones exist, I do
When there is one, then there will be more too
And I observe that also others live
I see and observe that everyone has feelings
It is weird that I spend thoughts to that
Maybe that has some sense for my self
I try to prove a little bit too much
What isn't possible at all, you can't prove anything
It depends on believing, so I just thus do believe it
I just want to believe everything what happens
Except for when everything begets too much for me
The existing is already some wonder, isn't it

Maybe I am too impatient, too much impatient
I don't care about money that much, really true

Freude

Wat te doen, ik doe wat ik doe en niets anders
Met al mijn fouten, getikte fouten ook
En sommige ervan die zijn gewoon bewust
Woordgrappen, mogen die dan ook al niet?
Dan kun je nergens grappen meer over maken
Nou ja, rare gezichten trekken kan ik ook
En mezelf nog meer belachelijk maken

V

De regentes had er last van, van het regenen
Ze negeerde het om te kunnen regeren
Waarom moest het juist nu regenen?
Op deze voor haar zo belangrijke dag
Waarin de trein door het wazige landschap reed
Zij kon net zo goed thuisblijven
Met zulk slecht weer kwam er zelfs geen hond

Waarom doe ik het niet eigenlijk, dacht ze
Ik zal de minister president bellen
Hij kan best in mijn plaats gaan

''Welke ziekte heeft de regentes?'' vroeg ik
''Ze heeft last van pleuritis majestatus''
''Is dat ernstig?''
''Heel ernstig, ze is op sterven na dood
Haar hart is aan het verstenen''
''Dat komt er van'' zei mijn vrouw
''Als ze zich nooit iets aan anderen gelegen laat liggen''
Dit vond ik opmerkelijk, want ik heb geen vrouw

Ik ben teveel een '*bed* wetende'
Het kan geen kwaad, twijfelen aan jezelf
Dat doe ik nog een klein beetje te weinig
Compleet getikt ben ik toch al
Mijn hebben en houden *op straat te gooien*
Logica weerspreekt de zin van geweld

What to do, I do what I do and nothing else
With all my faults, typing/ticked faults too
And some of them are just conscious
Word jokes, are they also not allowed then?
Then you can't make jokes about anything any more
Oh yes, I can make funny faces too
And make a fool of myself still more

V

The regent was troubled with it, with the raining
She ignored it to be able to reign
Why did it have to rain just now?
On this for her that important day
In which the train rode through the hazy landscape
She could stay home just as well
With such bad weather even a dog wouldn't come

Why wouldn't I do it actually, she thought
I will call the minister president
He can go in my place very well

''What illness does the regent have?'' I asked
''She is bothered by majestic pleurisy''
''Is that severe?''
''Very severe, she is dead except for not dying yet
Her heart is turning to be a stone''
''That does come from it'' my wife said
''When she never cares about other people''
I thought this remarkable, because I don't have a wife

I am to much a '*bad* knower'
There is no harm in it, doubting about your self
That I do a little bit too little still
I am just totally crazy already though
To throw on the street all what I know and owe
Logic speaks against the sense of violence

Freude

We hebben lange tijd nog nodig
Om tot betere wezens te evolueren

Gebruik de naam van God niet 'ijdel'
Niet voor eigen doeleinden, zoals zegenen van wapens
En het randschrift op de munt, God is de Mammon niet!
Geef de Koning wat van de Koning is
Steekpenningen voor *Dick ta tor* en zijn knechten
De taal die ik spreek is: 'Slang', in dialecten, in 'Tongen'
Begrijp me niet verkeerd; ik heb het beste met u voor
Maar wellicht pakt het verkeerd uit

De versgevallen sneeuw knerpt onder mijn zolen
In de verte vallen klokken stil
Klokken die kerkgangers ter 'kerker' riepen
Hier en daar is een eenzame schaatser te zien
Spoedig bevind ik me op glad ijs
Ik houd niet zo van de zomer, meer van de winter
's Zomers vind ik het al snel te warm

Op een dag in *Mij* stonden ze voor de deur
Drie vrouwelijke politie agenten
''Zou je niet eens open doen?'' zei Eva
''Je kunt je arrestatie toch niet uitstellen''
''Ik vind dit allemaal maar Kafkaiaans'' zei ik
''Waarvan word ik eigenlijk beschuldigd?''
''Plagiaat waarschijnlijk als je zo doorgaat''
''Maar dit is toch geen plagiaat maar een uitleg''
''Valt er wat uit te leggen dan?''

Eva had de deur zelf al opengedaan
De agenten kwamen inderdaad om me te arresteren
''Waarom word ik gearresteerd?'' vroeg ik
''U wordt niet in uw bewegingen belemmerd
Het gaat slechts om een arrestatie
Waarna een heel proces zal volgen uiteraard''
''Maar *wat heb ik dan op mijn kerfstok*?''

Thomas de Haan

We are in need for a long time still
To evaluate into better creatures

Don't use the name of God in an 'idle' way
Not for own purposes, like the blessing of weapons
And the legend on coins, God isn't the Mammon!
Give the King what is of the King
Payola for *Dick ta tor* and his knights
The language I speak is 'Slang', in dialects, in 'Tongues'
Don't understand me wrong; I want the good for you
But maybe it will turn out wrong

The fresh fallen snow crunches under my soles
In the distance the clocks fall still
Clocks which called the church-goers to 'imprisoning'
Hither and thither a lonely skater can be seen
Soon I am on slippery ice
I don't like summer that much, I adore winter more
In the summer I think it too hot already rapidly

On a day in *My* they stood before the door
Three female police officers
''Wouldn't you open the door for once?'' Eve asked
''You can't postpone your arrest though''
''I think this all is a little bit Kafka Ian'' I said
''Of what thing I am actually accused?''
''Plagiarism probably if you go on like this''
''But this is no plagiarism though but an explanation''
''Is there something to explain then?''

Eve had opened the door already herself
The police women indeed came to arrest me
''Why will I be arrested?'' I asked
''You will not be hindered in your movements
It just handles of an arrest
After which a great process will follow of course''
''But in what way *have I been a wrongdoer then*?''

Freude

''Het gaat niet zo zeer over een kerfstok
Het gaat om een andere verkrachting
Een verkrachting van de Redenlandse taal''

Ik dacht hier geruime tijd over na
''Dat geef ik toe'' zei ik uiteindelijk
''Maar ik begrijp niet wat daar verkeerd aan is
Het is immers eigenlijk alleen als grap bedoeld
Ik speel gewoon slechts met de taal, met twee tongen''
''Dit is te verwarrend voor andere mensen''
''Te verwarrend, dat weet ik niet
Mensen kunnen immers duidelijk zien
Dat ik het bedoel zoals ik het bedoel
Dat ik slechts mijn eigen verwarring verklaar''
''Weet je zeker dat mensen je zullen begrijpen?''
''Misschien niet maar dat ligt dan niet aan mij
Veel mensen kennen immers nauwelijks logica''
''Ik zie geen enkele logica in jouw redenering''
''Ik zelf meen van wel maar dat is mijn mening''
''Toch ben je soms nauwelijks te volgen''
''Natuurlijk, ik wil geen volgelingen
'Volgen' van een Leider bracht nooit iets goed''

Dat hoort niet toch, links beginnen
En rechts eindigen, het moet andersom
Ik de grootste hekel aan bureaucratie
En ook aan die zogenaamde professionaliteit
Die wauwelen slechts hun leraren na
Je moet leren maar dat kan ook in de praktijk
Zelf nadenken vind ik ook erg belangrijk
Wat zijn er toch weinig mensen die dit echt kunnen
Kost het teveel moeite je hersenen te laten werken?

Is dit schrijven vruchteloos, word ik niet begrepen?
Of begrijpt u me toch, ik weet het niet
Het lijkt mij eenvoudig genoeg, ik sla geen 'war' taal uit
Geen moeilijke woorden behalve wat 'Dubbel Engels'

Thomas de Haan

''It doesn't handle about some wrongdoing
It handles about an other rape
A rape of the Reason tongue''

I thought about that for a long time
''I admit that'' I said at last
''But I don't understand what is wrong about that
It actually is just but meant as a joke
I just but play with language, with two tongues''
''This is too confusing for other people''
''Too confusing, I don't know
People can see very clearly
That I mean it like I mean it
That I just am explaining my own confusing''
''Are you sure that people will understand you?''
''Maybe not but that isn't my fault
Many people don't actually know logic''
''I don't see any logic in your reasoning''
''I myself think so but that is my opinion''
''But sometimes you can't easily be followed''
''Of course, I don't want followers
To 'follow' a Leader never brought anything good''

That doesn't fit proper though, to begin left
And end right, it fits to go the other way around
Bureaucracy I dislike the most of all
And also those so called professionals
These just only repeat their teachers
You have to learn but that can be done practically
To think by your own I think also very important
How small a amount of people really can do that
Does it cost too much trouble to use your brains?

Is this writing useless, am I not understood?
Or do you though understand me, I do not know
It seems easy enough to me, I don't speak 'war' tongue
No difficult words except some 'Double Dutch'

Freude

Ik speel graag met twee tongen tegelijk
Ook wanneer het voor goed begrip overbodig is
Want die zogenaamde fouten zijn niet echt nodig?

Het lijkt me dat ik hier moet stoppen
Eigenwijs als ik ben schrijf ik nog een zin
Want dat bepaal ik wanneer ik stop
Dus hier aan het eind van deze zin
Had gekund als ik er zin in had

Dubbele bodems zijn meestal heel erg leuk
En ik moet toch ergens om lachen
Ik lach me nog eens dood om mezelf
Want eigen grappen vindt een ieder leuk
Ik leg ook graag wat *zout op slakken*
Om ze door de groente te prakken
Dat smaakt hoor, salade met een slak
Zo een lekker glibberige, dat glijdt er best in
Ben ik al weer terug bij mijn begin?
Vat maar op zoals je zelf wilt
Waarschijnlijk heb je dan wel gelijk
Maar was het wel mijn bewuste bedoeling?
De eerste keer gaat 'het' vaak per ongeluk

I like to play with two tongues at the same time
Also when it is not necessary for good understanding
Because all that so called faults are not really necessary?

It seems to me that I have to stop here
Pigheaded like I am I write still a sentence
Because that I will decree when I will stop
So here at the end of this sentence
Could have been if I had liked that

Double bottoms a lot of times are very funny
And I have to laugh about something, don't I
I laugh me to death about myself once yet
Because own jokes everyone thinks funny
I like to lay some *salad on slugs*
For mixing them with the *salt*
That tastes, doesn't it, salad with a slug
Such a tasty slithery slug, that goes easy in
Am I returned back again with my beginning?
Understand it but like you do like
Probably you are just right then
But was it my conscious meaning then?
The first time 'it' often goes by accident

Dankwoord voor mijn
*Zwam*diploma

Het is maar een eenvoudig heet '*pepertje*'
Dat u me zonet uitreikte
Nog maagdelijk, nog niet 'gebruikt'
Dan laat ze zich 'dope' in de Sint Paulus Kerk
En ze wordt uiteindelijk toch genomen

Komt de Messias nu eindelijk?
Waar wachten we eigenlijk nog op?
De Messias is de Heilige Geest
En geeft geboorte aan een Kind
Verwekt in Jozef, Jozef Maria
De droomuitlegger, de Onder Koning van Egypte
Sint Jozef, daar was ik ook, in dat ziekenhuis

Eerst zal ik een Simpel dank spreken
Hoewel, zo simpel is het niet voor mij
Helemaal al moet ik me bloot geven
Ze haat heet, te warm voor her haar
Ook haren branden nogal snel
Wat stinkt het hier, eigen lust naar roem?
Ik heb erg lang haar, de jaren zestig?
Nee ik ben pas vijftig, ik heb net Abraham gezien

Ik schaam me er voor dat het zo lang duurde
Zo lang duurde voordat ik zwam kunstmeester was
Dingen in de praktijk gaan me moeilijk af
Ik heb er de spieren niet voor, ik ben fijn gebouwd
Toch hebben spieren zich ontwikkeld
Mijn zwam spieren of moet ik lal spieren zeggen?
Kunt spieren kunnen niet, behalve bij ouwehoeren

Toch ben ik een meisje geweest

Thomas de Haan

Thank you for my *Swam*suite

It is just but a simple little hot little '*paper*'
That you just reached out to me
Still virgin, not yet 'used'
Then she lets 'dope' herself in Saint Paul's Cathedral
And at last she will be taken though

Is the Messiah coming now at last?
Where are we waiting for properly yet?
The Messiah is the Holy Ghost
And gives birth to a Child
Created in Josef, Josef Maria
The dream explainer, the Under King of Egypt
Saint Josef, I was there too, in that hospital

At first I will speak a Simple thank you
However, that simple it isn't for me
I have to go totally in the nude now
She hates hot, too warm for her hair
Also hairs burn rather fast
What stinks here, own lust for fame?
I have very long hair, the sixties?
No I am just only fifty yet, I just saw Abraham

I am ashamed that it lasted that long
Lasted that long before I was swam art master
Things to practice are difficult for me
I haven't the muscles for it, I am built tender
Though some muscles have developed
My swam muscles or do I have to say lulling muscles
Cut muscles aren't possible, except with old whoring

I have been a little girl though

Freude

In mijn jonge jaren, niet in een vorig leven
Al ging er geruime tijd overheen
Ik zal vanaf nu vaak te water gaan
Elke week moet ik nu toch wel een uurtje zwammen
Om mijn conditie op peil te houden
Dit schijnt heel gezond te zijn

U kent mij wel, ik ben een droge zwammer
Behalve als ik te heet word, dan word ik nat
Het is gemakkelijker commentaar te leveren
Op de zwam kunst van anderen
Dan zelf in het diepe te duiken
Dat heb ik tijdens mijn lessen wel geleerd
Ik ben een beetje trots dat ik het zover bracht
Als ik onverhoeds te water raak kan ik zwammen
Om me er uit te redden met vuige leugens?
Vanaf heden hoeft niets me meer te deren
Wat mensen ook van me zeggen

De zwam kunst houdt meer in dan zwemmen alleen
Nu kan ik me gemakkelijker wijden
Aan wat ik als een grote taak zie
Het water beangstigt me niet meer
Zelfs niet de diepte van de Stille Oceaan

Voorlopig echter blijf ik aan de oppervlakte
Maar u mag me ook wel leren duiken
Dat is handig als men me tracht te pakken

Onderduiken maar nu, ik ben een Brillen Jood
En ik ben ook een vrouw in een mannenlichaam
Maar ik ben geen echte vrouw
Dat maakt ook een *kunt* of borsten me niet
Ik zal nooit kinderen baren, onmogelijk
Ik bedoel dat ik zacht ben
Misschien wel te zacht voor anderen
De zachte krachten overwinnen, daar zijn er veel van

Thomas de Haan

In my youngster years, not in an earlier life
Although a long time did go by
I will go into the water often from now on
Every week now I have to swam for an hour though
To stay in the right condition
This seems to be very healthy

You do know me, I am a dry swimmer
Except when I get hot, then I get wet
It is easier to criticize
The swam art of others
Then to dive into the deep yourself
That I did learn during my lessons
I am a little bit proud that I brought it this far
When I fall unexpected into the water I can swam
To save myself out with dirty lies?
From now on nothing can hurt me
Whatever people say about me

The swam art is more then only swimming
Now I can devote myself more easily
To what I see as a big task
The water doesn't make me afraid any more
Even not the deep of the Still Ocean

Provisionally however I stay at the surface
But you may teach me how to dive too
That is easy when they try to grab me

Dive under but now, I am a Spectacles Jude
And I am also a woman in a mans body
But I am not a real woman
That also a *cut* or breasts won't make me
I will never give birth to a child, impossible
I mean that I am soft
Maybe too soft for other people
The soft forces will conquer, there are many of them

Freude

Maar ach, ik spreek onbegrijpelijk voor de meesten
Ik krijg er alweer dubbel zoveel *zin* in
Heel dubbel, een paar maal zelfs
Dat lieve hitje daar, die zou ik graag opzadelen
Ja, het kan wel in het water, een water*bed* heb ik ook
Weet u dat ik ook daar bang van was
Voor een water *bad*, toen ik nog niet kon zwammen

Ik laat me weer veel te lang meevoeren
In dit al te lange betoog naar het er uitziet
Dat op papier heel wat bladzijden lang is
Je kunt beter wat anders doen dan oeverloos zwammen
Een 'zwam' dat is toch een soort paddenstoel?
Eikel, heb je nu nog niet door
Dat zoiets niet toevallig is?
Wat water bij de wijn in plaats van *andere som*

Sommen, laat de computer maar sommen maken
Tafels, welke tafels, hebben die poten?
Of nemen ze de benen, gaan ze met je op de loop
Kam el en droom me daar is Zen, luizen volop
Ik neem een kom pas mee, dit werkstuk?
Nee, dat is geen *kom pas* voor het leven
Is er iemand die het met me wil proberen?
In het zwam water van het leven
Wie wil me terzijde staan?
En verder wil leven in mijn nabijheid

Dit papier geeft me bevoegdheid
Tot het geven van professionele zwam les
Wie wil er alles van me leren, over me leren?
Wie wil er leren zwammen en in het diepe duiken?
De meeste mensen kunnen het al, hen bedoel ik niet
Ik bedoel mensen die dreigen te verzinken
In een poel van waanzin, zoals ik bijna deed
Eigenlijk hoef je daar niet voor te kunnen zwammen
Als je maar blijft drijven, dat is al voldoende

But alas, I don't speak understandable for most people
I just get double so much *sin* yet again
Very double, several doubles even
That lovely little hit there, I would like to saddle her up
Yes, it can be done in the water, I have a water *bed* too
Do you know that I was afraid of that too
Of a water *bad* when I could not swam yet

I let carry away myself much too long again
In these too long arguments like it seems
That counts on paper several pages
You can better do something else than swam limitless
A 'swam' that is some kind of mushroom though?
Dickhead, isn't it still yet clear to you
That such a thing is not by accident?
Some water with the wine instead of *other sum*

Sums, let but the computer make sums
Tables, which tables, do these have legs?
Or *do they take the legs*, do they go on the run with you?
Camel and dream me there is Zen, full of lice
I take a compass with me, this work piece?
No, that is not a *come pass* for life
Is there someone who wants to try it with me?
In the swam water of life
Who wants to stand beside me?
And wants to live further in my nearness

This paper gives me permission
To give professional swam lessons
Who wants to learn everything of me, about me?
Who wants to be taught to swam and dive into the deep?
Most people already can swam, I don't mean them
I mean people who threaten to sink down
In a pool of insanity, like I almost did
Actually you don't have to be able to swam for that
If but you stay floating, that is already enough

Freude

Natuurlijk, wie meer wil bereiken, de andere kant
Moet kunnen zwammen, wie wil naar de andere kant?
De verkeerde kant kan ook wel eens de goede kant zijn
Wie noemde het de verkeerde kant, deed je dat zelf?
Doe in alle zaken wat je zelf het beste vindt
In volkomen vrijheid maar toch vol rechtvaardigheid

Luister niet naar mensen met een bekrompen moraal
Laat Schriftgeleerden niet bepalen wat goed en juist is
Zolang je maar voor je Zelf geloofwaardig blijft
Het is niet belangrijk wat anderen van je denken
Natuurlijk moet je geen moord plegen
Of anderen onnodig pijn doen
Misschien doe ik je met mijn woorden pijn
Daar kan ik niet al te veel aan veranderen
Je moet toch beseffen dat ook pijn bestaat

Dit heeft te maken met het simpele 'pepertje'
Dat voor me *liegt*, van de hand van de *bed* meesteres
Ik kan zwammen en hoef me niet te schamen
Ook niet als ik wel eens naar wat geluk verlang
Het moge duidelijk zijn, niemand is altijd gelukkig
Maar een echt tranendal is het leven ook niet altijd
Probeer het zin te geven door ook voor anderen te leven

Vroeger kon ik me met moeite drijvende houden
Op de oceaan des levens, daarom nam ik zwam lessen
Ik kan het leven nu alleen aan zonder te verzinken
In een poel van waanzin hoewel die aan me zuigt
Ik worstel en kom boven zoals bekend in Zeeland
Alwaar ik deze lessen nam, het is een Zeeuws diploma
Met recht mag ik me een Zeeuw noemen, niet minder

Ik kan ook roeien, zelfs tegen de heersende stroom in
Waar de meeste mensen zich door laten meevoeren
Al kan ik dan niet de wereld overwinnen
Een gedeelte ervan wel, zij die me kunnen volgen

Of course, who wants to reach more, the other side
Must be able to swam, who wants to reach the other side?
The wrong side can sometimes also be the good side
Who did call it the wrong side, did you do that you self?
Do with all things like you think the best
In totally freedom but though full of rightfulness

Don't listen to people with a narrow-minded moral
Don't let Scribers provide what is right and good
As long as you stay believable for your Self
It isn't important what other ones think of you
Of course you mustn't commit a murder
Or cause pain to others unnecessary
Maybe I cause pain to you with my words
That I can't change that much
You have to know that also pain exists though

This concerns the simple little 'paper'
That *lies* before me, from the hand of the *bad* mistress
I can swam and I don't have to be ashamed
Also not when sometimes I linger for some happiness
It may be clear, nobody is always happy
But a real vale of tears life isn't always too
Try to give it some sense by living for others too

In earlier days I could stay floating with difficulty
On the ocean of life, that's why I took swam lessons
I can live life on my own now without sinking
In a pool of insanity although this tries to pull me
I struggle and reach the surface like known in Zealand
Where I took these lessons, it is a diploma out of Zealand
With right I may call me an inhabitant of Zealand, no less

I can row too, even against the reigning current
With which most people let take them selves
Although I can't conquer the world
A part of it I can, they who can follow me

Freude

In de zin van begrijpen, als u begrijpt wat ik bedoel
Veranderingen gaan te langzaam naar mijn zin
Ik moet wat geduldiger zijn, mensen de tijd gunnen
Anders raak ik nog veel meer 'in de War'

Ik ben misschien ietwat masochistisch ingesteld
Want ik ontzeg me teveel op seksueel gebied
Met het doel uiteindelijk vrij te zijn, wanneer?
Eigenlijk ben ik heel verlegen met vrouwen
Trouwen wil ik eigenlijk ook niet
Het is goed te trouwen maar beter is het niet te trouwen
Omdat de trouwbelofte vaak niet wordt waargemaakt
Behalve misschien uit plichtsbesef, niet uit vrije wil
Je kunt jezelf natuurlijk deze verplichting opleggen

Is het koninkrijk der hemelen nu dichterbij gekomen?
Omdat ik met woorden verleid, mannen en vrouwen
Wat in ons leeft kan niet worden overwonnen
Ik geef er aan toe, vrij gemakkelijk zelfs
Voor de bevrediging, dat moge duidelijk zijn
Seks alleen maakt niet gelukkig, geluk moet gedeeld
Hoewel er zo weinig van is, ternauwernood voor een
Ik kan alleen mezelf een beetje kennen, anderen niet
Tenminste niet anders dan ik mezelf begrijp
Ik begrijp er maar zo weinig van hoe ik in elkaar zit
Begrip voor u heb ik daardoor wel, maar totaal?
Waarom wilt u zich wentelen in luxe goederen?
Terwijl miljarden creperen van de honger
En nog ontevreden vanwege hoge belastingen
Die moeten worden ontdoken, stel je voor!
Dat alles ineens perfect zou zijn, zeg ik cynisch

Wij mensen kunnen dat niet, zeggen veel Christenen
Maar God werkt toch alleen door mensen?
Te gemakkelijk ook is het God de schuld te geven
Omdat Hij Almachtig zou zijn, is alles Gods wil?
Mensen verzetten zich tegen gevoelens van Liefde

In the sense of understanding, if you see what I mean
Alterations go too slowly to my liking
I have to be more patient, give people time
Otherwise I get still more 'in the War'

I have maybe a somewhat masochistic attitude
Because I deny myself too much sexually
With the purpose to be free some time, when?
Actually I am very shy with women
Properly I even don't want to marry
It is good to marry but better is it not to marry
Because the wedding oath often is not made true
Except maybe for plight, not for free will
You can lay that plight on your shoulders of course

Has the kingdom of heaven come nearer now?
Because I seduce with words, men and women
What is inside of us can't be conquered
I give in to it, very easy even
For the satisfaction, that may be clear
Just sex doesn't make happy, happiness has to be shared
Although there is that little of it, scarcely for one
I can only know myself a little bit, not others
At least not otherwise than I understand my self
I understand that little of it how I am and act
Understanding for you I have caused by that, but totally?
Why do you want to swim in luxury?
While billions die of hunger
And still discontented for high taxes
Which have to be eluded, imagine it!
That all would be perfect suddenly, I say cynically

We people can't do so, many Christians say
But God works just by means of people though?
To easy too is to blame God for it
Because He is pretended to be Almighty, is all God's will?
People resist against feelings of Love

Freude

Liefde voor een is niet genoeg, liefde moet allen gelden
Liefhebben met het verstand, begrijpen
Begrip voor het foutje in het weefsel van onze ziel
Ook voor fouten van jezelf, je moet van jezelf houden
Wie of wat je ook bent, met al je fouten en gebreken
Anders is het onmogelijk van anderen te houden
Als je jezelf veracht omdat je zo egoïstisch bent

Zelf liefde is niet hetzelfde als egoïsme
Het moet geen narcisme zijn of groepsnarcisme
Mensen die elkaar wijsmaken dat hun volk het best is
We moeten eindelijk leren internationaal te denken
Dat is het socialistische lied, de Internationale
Maar heersen, dat klinkt zo dictatoriaal
Het kan niet worden opgelegd, dat is onmogelijk

Dromen leggen de waarheid bloot, zij tonen de waarheid
In haar naaktheid, mooi en minder mooi
Vaak heb je in dromen diep inzicht hoe mensen zijn
Waarom mensen soms dingen doen
Die eigenlijk *helemaal niet in de haak zijn*
Wie kan liefde geven zonder iets terug te eisen?
Maar je krijgt er altijd iets voor terug
Al is het alleen maar simpele zelfwaardering

Dat is belangrijk dat je Jezelf waardeert
Hij of zij die niet van Zichzelf houdt
Kan ook niet echt van anderen houden
Cijfer jezelf vooral ook niet weg
Om waardering te krijgen van anderen
Eerst moet je jezelf genoeg zijn
Om echt iets betekenen voor ook anderen
Op materieel gebied moet je niet teveel eisen
Denk aan je geest, deze is veel en veel belangrijker

Veel mensen kunnen daar niet aan toekomen
Gedwongen door armoede en simpele honger

Love for one is not enough, love has to count for all
Loving with the mind, understanding
Understanding for the little flaw inside the weave of our soul
Also for your own faults, you have to love your self
Whatever you are, with all your faults and shortages
Otherwise it is impossible to love others
When you scorn your self while you are that egoistic

Self love is not the same as egoism
It must not be narcissism or group narcissism
People who tell each other that their people are the best
We have to learn thinking internationally at last
That is the socialistic song, the International song
But ruling, that sounds that dictatorial
It can't be dictated, that is impossible

Dreams lay bare the truth, they show the truth
In her nudeness, beautiful and less beautiful
Often you have in dreams a deep insight in how people are
Why people sometimes do things
Which actually *are totally wrong*
Who can give love without wanting back something?
But you will always get something back for it
Although it sometimes is only simple self-valuation

That is important, that you value your Self
He or she who doesn't love his or her Self
Can't really love other ones too
Don't cipher your self away too by all means
To get the appraisal of others
At first you have to be enough for your self
To really mean something for others too
On material field you mustn't demand too much
Think of your mind, this is much more important

Many people can't reach that position yet
Forced by poorness and simple hunger

Freude

Dat is toch ook de schuld van de rijken hier
Die meer en meer en meer willen hebben
En willen leven in uiterst materiële welstand
Dan consumeer je ten koste van de armen
Zij die het meest verdienen zijn dikwijls de ergste slaven
Van poen en luxe, ze zijn slaven van het geld
Ze vereren de Mammon, de god van het geld
In plaats van de God die binnenin ons huist
Niet in een of andere Hemel heel ver weg

Waarmee ik deze te lange toespraak nu bijna beëindig
Bedankt, nog maal bedankt voor mijn Zwam Diploma

We kwamen uit de sprong bij een blauwe planeet
We merkten op dat er bebouwing was
Dus er woonden intelligente wezens
Maar erg ver waren ze nog niet geëvolueerd
We stelden vast dat oorlog er nog normaal was
Door een fout van onze navigator werden we opgemerkt
Straaljagers werden op ons afgestuurd
We namen de benen, een andere keer

That is though the fault of the rich ones here
Who want to have more and more and more
And want to live in extreme material wealth
Then you consume at the expense of the poor
They who earn the most often are the greatest slaves
Of dust and luxury, they are slaves of money
They honour the Mammon, the god of money
Instead of the God which is inside of us
Not in some Heaven very far away

With which I almost now end this too long speech now
Thank you, thank you once more for my Swam Suite

We came out of the jump at a blue planet
We observed that there were buildings
Thus there lived intelligent people
But very far they hadn't yet evaluated
We noticed that war was still normal there
By a fault of our navigator we were noticed
Jet fighters were sent upon us
We took the legs, some other time

Het zoete Kleine Spookje

Dit is een afgrijselijk opwindend verhaaltje
Over een heel klein klokje, ja heel klein
Een wit klokje, een klein wit klokje, rein als Sneeuw
Dat moest vechten, vechten met een Leeuw
En later even wat al met Hem praatte
Toen zij door haar vader en moeder *waar verlaten*

Een klokje van 'niets', van helemaal 'Niets'
Een klein sneeuwklokje wier haartje vertikte
Een klein klokje, dat 'woog' en dat 'wekte'
Want ze had gelezen in haar horoscoop:
Een ieder haar toch steeds weer bedroog?

Toen viel ze plotseling helemaal stil
Ze werd verkracht, gewurgd en gevild
Ze werd echter weer in elkaar gezet
En daar kwam alweer een andere zet

Weer dan tikte ze steeds door
Van opwinding, wat was ze 'opgewonden'
Door een sterke, een heel sterke gele *veer*
Die ze in haar keeltje had gestoken
Een boekje gekregen van Engel Wiek
Toen werd hij toch wel een beetje ziek

Wat een geile geler *veer* was dat
's Nachts ging hij op de dieven *pat*
Omdat hij dit van anderen heeft gestolen
Want hij kan helemaal niet zo goed schrijven
Omdat, zodat, hij 'Sol Daten' in ging lijven
En nog wat meer van die lekkere wijven
Dit ook is een spookje uit een klein zwart hartje
Dat ook voor mij vol Liefde tikt
Dat ook met mij wat Liefde zou willen 'Maken'

Thomas de Haan

The sweet Little Spook

This is a horrible exiting little story
About a very little clock, yes very little
A white clock, a little white clock, clean like Snow
That had to fight, to fight with a Leo
And later talked to Him a little bit already
When she had been *left true* by her father and mother

A little clock of 'nothing', of totally 'Nothing'
A little snow clock whose little heart ticked
A little clock, that 'weighed' and that 'wicked'
Because she had read in her horoscope:
Everyone cheated her all the times again though?

Then suddenly she fell totally still
She was raped, strangled and skinned
But she was put together again
And there again another move came

Again then she ticked and ticked
Of excitement, what she was 'wound up'
By a strong, a very strong yellow *spring*
Which she had put into her little throat
A little book got from Angel Week
Then he became a little bit sick though

What a horny yellower *feather* that was
In the Night he went on burglar *pat(h)*
Because he has stolen this from others
Because he can't write quite that good
Because, so that, he went incorporating 'Sol Dates'
And still some more of that good tasting females
This is a little spook out of a little black heart too
That ticks full of Love also for me
That would like to 'Make Love' with me too

Freude

Maar nu toch, nu komt de tijd steeds nader
Dat je bent weer een lieve Vader?
Straks ga ik wat wandelen dan met je in het bos
Het rode bos, groene bosjes om te schuilen
Voor sommigen misschien die graag zouden ruilen
Kom op mijn kind, je mag best huilen hoor
Maar toch, toch maar niet al te vaak
Houd toch je moeder niet steeds wakker
Ik denk dat ik nu even wat 'streng' moet zijn

Daarom, doe het maar, doe het ook zelf
Probeer het, probeer jezelf 'op te winden'
Als nu al je een uitweg uit het 'kerkertje' wilt vinden
Zeg gewoon tegen dokters ook eens dominee
Om ze te pesten, voor de grap ook tegen artsen
Als je ineens vind dat hij op hem of haar lijkt
Omdat ook een haan met andere *veren* prijkt?

Dit wordt een heel erg lang gedacht
Want ik ook ga gewoon steeds nog weer door
Hoewel ook ik de strijd toch echt verloor
Want je kunt niet in je eentje de hele wereld overwinnen
Geen man kon dat, geen vrouw, dat was 'zonde'
Dat we dat willen, want echt het zou kunnen
Als we gewoon steeds gehoorzaam gebleven waren
Aan wat tot ons zei onze Heer, ons Kind in ons

En toch, toch zal ook jij wel eens vechten
Want zullen alleen de Sterken overwinnen en leven?
Mensen die steeds al steunen en zuchten
Bij het minste, het minste of geringste
Moeten echter gewoonweg ook eens komen
Want Hij bezorgt hen wat om weg te dromen

Wie ik bedoel, vrouwen en kinderverkrachters
Ook zij die stelen van rijken of van armen
Als je van de rijken steelt en bij hen inbreekt

But now though, now the time is ever nearing
That you are a dear Father again?
Later I go walking with you in the woods
The red wood, green woods to hide
For some people maybe which would like to exchange
Come on my child, you but are allowed to cry
But though, though not too much too often
Don't wake up your mother ever and ever
I think I have to be a little bit 'severe' now

That's why, but do it, do it yourself too
Try it, try to wind, to 'wind up' yourself
When yet now you want to find a way 'out of church'
Say to doctors reverend sometimes too
To plague them, with a little joke to doctors too
When you suddenly think he looks like him or her
Because also a cock shines with other one's *feathers*?

This is a very long story or poem
Because I too just go on and on still again
Because also I lost the struggle though
Although you can't conquer the whole world on your own
No male could that, no female, which was 'sin'
That we do want that, because it would be possible
When we just had stayed always true
To what said to us our Lord, our Child in us

And though, though also you will fight sometimes
Because do only the Strong Ones conquer and survive?
People who already groan and moan and sigh
With the least, the least and inconsiderable
Have to come however sometimes too
Because He gives them something to dream away

Who I mean, females- and children violators
Also they who steal from the rich or poor
When you steal from the rich and rob their house

Freude

Dan word je, dan word je toch gevangen
En wordt tussen de leeuwen opgesloten
Ze laten je gewoonweg steeds helemaal allen
Alleen hoeft namelijk niet alleen te zijn
Een foutje maakte ik hier, echt toevallig
Maar niet echt, dat heeft mijn goede Heer gedaan
Een fout, een foutje is nooit helemaal een Fout

Ik schaamde me echter omdat ik me liet verzorgen
'Fraude der Liefde' noemde ik al eens dat
Omdat zelfs die fout de Ander aan me gaf
Dat teveel geld dat ik als 'voorschot' kreeg
* Ze zeiden niet dat het een voorschot was *
Maar ze hebben later niet het recht te zeggen
Dat dit mijn schuld was, ik zal terug betalen
Maar doe ik dat dan niet ook hiermee al?
Met dit vreselijk inspannende geestelijk werk

Ik ben een klein kind, wat voelde ik me toen lui
Waarom dan wel, verdiende ik dat wel?
Jawel hoor, ik was gewoon een tijdje in de rouw
Al mijn veren raakte ik kwijt en mijn mooie haren
Toen werden mijn ogen uitgestoken
Ik was helemaal, helemaal opgesloten
De Pier Baron viel mij aan en ik
Ik liet hen lopen in mijn val
Ik liet hem, u en mezelf vallen in mijn val
De kerker stortte in en ook ik ging dood

En nu dus ben ik een 'Lelijk Eendje'
Uit Denen Marken en Koper Hagen
Ik ga straks nog wat inkt kopen
En geef dan zo terug wat ik heb gekregen
Ik ga proberen heel erg mijn best te doen
Ik ben nu op een heel goede kleuterschool
Een Universiteit waar ik mijn Zelf bestudeer
Want ook ik, ik ook wil wat bereiken

Thomas de Haan

You will be caught, you will be caught
And will be locked up with the lions
They simply let you all alone, all alone
Alone namely does not have to be alone
In Dutch I made a little mistake here, by accident
But not really, my dear Lord did that
A mistake, a little fault never is a Mistake totally

But I was ashamed that I let other ones take care of me
'Fraud of Love' I already called that
Because even that fault the Other gave to me
That to much money I got as a 'prepay'
* They didn't say it was a prepay *
But they haven't the right to say then later
That it was my own fault, I will pay back
But don't I do that also with this now?
With this utterly painful and fatiguing mind work

I am a little child, what I did feel lazy then
Why, why then, did I earn that then?
Yes, I did, I just was mourning for some time
I lost all my feathers and my beautiful hairs
Then my eyes were nailed out
I was totally, totally locked up
The Peer Baron attacked me and I
I let them walk into my trap or fall
I let him, you and my self fall into my trap
The dungeon collapsed and I died too

And now thus I am an 'Ugly Duck'
Out of Danes Mark and Copper Hagen
I am going to buy still some more ink
And give back in this way what I have got
I am trying to do my very best now
I am visiting a very good children's garden now
A University where I am studying about my Self
Because also I, I too want to reach something

Freude

Ik wil namelijk mijn pijntjes en zo weg werken
Daarom wil ik steeds weer mijn wil versterken

En ook dat is dus niet meer nodig
Want echt, ik ben nu al zo sterk
Dat ik ook kan doen wel ander werk
En ook best kan ophouden met roken?
Maar heus, alleen maar als mijn Goede Heer dat wil
Zodat nog wel eens ik in de donkere nacht ril
Omdat ik nog wel eens denk dat ik dat niet moet doen
Waarom zou ik, als ook niet anderen dat laten
Daarom, dat doe ik dus ook voor jou
Ik vergiftig me voor jou, begin er niet aan dus
Want dan begin ook jij jouw Zelf te haten
Omdat je die lieve plantjes hebt verbrand
Het teken van Ka In ook op mijn hoofd

Inderdaad, dat deed ik hier nu weer expres
Kijk maar, een Ka ook, dus mannelijk en vrouwelijk
En Abra en het Lam, echt, Abra Ham ook
Het Lam Echt dat zei tot zijn Vrouwen:
** Lamgelegd, heette hij Lamleg?
Ga nu dan weg jij of kom nu op
Voor mijn Zusje ook was ik in de rouw
En ik heb het ook tegen haar gezegd:
* Jezus, dat is immers ook Je Zus! *
In het Nederlands is dat heel duidelijk
Vandaar ook dat ze hier niemand Jezus noemen
Want dat zou toch wel heel erg duidelijk zijn
Het staat namelijk ook in andere boeken
Die werden toegevoegd door 'valse' profeten

Cryptisch, een krib dom 'gram' dit allemaal
Want ook Tom 'poesje' spreekt in die taal **:
''Vrouwen des Lams, echt, luistert naar mijn Reden:
Ik sloeg een man dood om mijn wonde
Een knaap om mijn o zo zere *striem*'

I namely want to take away my little pains and so what
That's why I want to strengthen my will ever again

And also that thus is not necessary now any more
Because really, I am that strong now
That I could do also other work too
And could also very well stop smoking?
But really, only when my Good Lord wants that
That's why I still some times quiver in the dark night
Because I still sometimes think I shouldn't do that
Why should I, if other ones don't do that too
That's why, I do that for you too
I am poisoning myself for you, don't you begin so
Because then also you start to hate your Self
Because you have burned those dear herbs
The sign of Ka In also on my head

Indeed, that I did on purpose now again
Look but: a Ka too, so male and female
And Abra and the Lam, really, Abra Ham too
The Lam, really, which said to his Wives:
** Lam lay, was he called Lame leg?
Go away now you or come on now
For my little Sister too I was mourning
And I told it to her too:
* Jesus, He is Your Sister too, isn't it? *
In Dutch that is very clear
That's why they don't call anyone Jesus here
Because that would be very clear, wouldn't it
It namely is in other books too
Which were addressed by 'false' prophets

Cryptically, a crib stupid 'gram' this all
Because also Tom 'pussy' speaks in that tongue **:
''Wives of the Lam, really, listen to my Reasoning:
I hit a man to death for my wound
A youngster for my that severe *'stream'*

Freude

Want. Ka in wordt zeven maal gewroken
Maar het Is 'Lam', echt, zesenzeventig
Tot de macht zeven tot de macht zesenzeventig maal''

Dit zeg ik tot je in mijn eigen kinderlijke taal
Want het was gewoonweg toch gemeen
Een klein kindje, een klein kindje in een kribbe
Te nagelen steeds weer en hem laten hangen
Totdat hij dood ging bijna van honger en dorst
En uiteindelijk echt van honger is gestorven
Na drie duizend, meer dan drie duizend jaren
Omdat het dan inderdaad zo lang lijkt, echt

Daarom ben ik een beetje opgestaan nu toch
Ter verdediging ook van het Volk van G.
In de gevangenis om hem te 'bevrijden'
Dat moet ook, de gevangenen 'bevrijden'
Inderdaad, probeer dat dan eens te doen ook
Een beetje helpen hen, bedoelen wij, 'eruit te komen'
Want ze zitten niet voor niets gevangen
Ook het Volk van G. niet, hij moet wat 'hangen'
Maar ik kom wel op ook voor zijn belangen
* Ik vind dat ook hij te veel wordt gedemoniseerd
En ook: U zult, mag, niet Oordelen *

Lang leve mij, lang leve deze feminist
Al ben ik dan misschien een anti Krist
Inderdaad, dat ben ik dus wel degelijk
Maar wel in de enige en juiste betekenis
Dat we allen ons eigen kruis moeten dragen
Maar wellicht mensen zijn gewoon erg stom
Ze begrijpen het gewoonweg al dan niet
En zullen elkaar daarom steeds weer wreken

Hals en Ma, Femke, als roerganger straks
Lijkt me wel leuk als dat wat eerder kon al
Of moeten er nog wat meer paarden terug

Thomas de Haan

Because, Ka in is revenged seven times
But the Is 'Lam', really, seventy six
To the might seven hundred and seventy six times''

This I tell you in my own childish tongue
Because it really though was mean
A little child, a little child in a little crib
To nail ever again and let him hang
Until he died almost from hunger and thirst
And at the end really died from hunger
After three thousand, more than three thousand years
Because it indeed seems that long then, really

That's why I stood up a little bit now though
In defence too for the Folk of G.
In prison to 'make him more free'
That too has to be done, 'freeing' the prisoners
Indeed, do try to do that then too
To help them a little bit, we mean, for 'coming out'
Because they are not imprisoned for nothing
Also not the Folk of G., he has to 'hang' somewhat
But I come up for also his meanings
* I think also he is demonised too much
And too: Thou shallst not, art not allowed to Ordeal *

Long live me, long live this feminising man
Although maybe I am some anti Christ
Indeed, that I am really, really I am thus
But only in the only right translation
That all of us we have to bear our own cross
But maybe people just simply are that stupid
They just don't understand it true or not
And will take revenge therefore ever again

Hals en Ma, Femke, as a steer woman in short time
Looks nice to me when that could be done sooner
Or do still some more horses have to go back

Freude

In hun stal, op een Ezel bij de perfecte Gastheer
Die volgens een schrijver die dat zei
Is nog perfecter, is nog perfecter dan Hij
* Theodore Sturgeon: The Perfect Host *

En nu dan houd ik dus wel dat boek ook?
Al mijn boeken geschreven in het Engels
Want ik word een beetje Tolk(ien) vertaler hier
Om te vertalen in het Reden land
Wat is er met mensen aan de hand?
Echt, ik ook verloor bijna mijn verstand
Toen ik levend, *levendig* werd verbrand
Op de brandstapel in verleden en vergeten tijd
Als heks, als tovenaar en als profeet
Zodat ik nu gewoon de weg zeker weet
Want ik heb echt toen namelijk om genade gesmeekt
Zo luid dat ze me *in Keulen konden horen gillen*

De biggetjes blijf daar toch af, zegt wolfje
Tot zijn Boze bozen kwade kwader kwaadste vaders
Die ook eens hun mond moeten laten wassen
Door hun groter moeder van moeders kant

Nu even stoppen maar, het is vijf voor Elf
Nu even een ander maar weer een elfje
Ik moet even wachten tot de klok negen slaat
Morgen komt er weer een helftje
Een halve dag, een halve wacht dan
In de nacht mijn Goede Heer of zo, ik slaap Zacht

Vreselijk opgewonden was ze, ze 'kwam' al bijna
Ja, bijna al weer was ze 'klaar gekomen'
Ook al was dat niet altijd een en het Geval
Het was alleen nog maar de eerste ronde
Ze was er en ze was er niet, ook dit is fantasie
Aan de hand van fantasieën wandelde ze
Met de wolven in het bos, waar ook roodkapje woonde

In their stable, on an Easel with the perfect Host
Who according to a writer who said that
Is still more perfect, is still more perfect than He
* Theodore Sturgeon: The Perfect Host *

And now then I keep that book too?
All my books written in English
Because I am a little Tolk(ien) translator here
To translate into the Reason land
What is wrong with the hands of people?
Really, I too almost lost my mind
When I was burned, burned *lively*
On the pyre in past and forgotten times
As a witch, as a sorcerer and as a prophet
That's why I know now my way just for sure
Because I namely then really begged for mercy
That loud they could hear me *scream in Cologne*

The pigs stay away from them, little wolf says
To his Bad more bad most bad fathers
These would have to let clean their mouth too
By their grander mother of mother's side

Stopping now for some time, it is five to Elf
Now another one but a little elf again
I have to wait until the clock strikes nine
Tomorrow another little half is coming
A half day, a half awaiting then
In the night my Good Lord or so, I sleep Soft

Terrible exited she was, she already almost 'came'
Yes, almost already she had 'come clear'
Although that wasn't always the little Will
It only still but was the first round
She was there and she wasn't there, this too is fantasy
On the hand of fantasies she walked
With the wolves in the wood, where also redcap lived

Freude

En zeven geitjes, het was grootmoeders klokje
Een leuk sprookje hè, 'schaken' met 'stukken'
Een leuk spelletje, dat leg ik je nog wel eens uit
Wat ben je toch al een lieve kleine *guit*
Leuk dat je al met je handje naar me wuift
Leesvoer voor 'kinderen' die hongeren en dorsten
Naar gerechtigheid, vrede en bevrediging
Want dat lieve sneeuwklokje komt straks klaar
Als dat bijtje haar bevrucht met zijn *engeltje*
Dat hij altijd bij zich heeft om ook jou te steken
Misschien steekt hij jou deze nacht al

Lief roodkopje, kijk uit, kijk uit
Ook de wolven gaan naar je op jacht
Ze zullen je opeten met huid en haar

Roodkapje zag op weg naar grootmoeder
Bloemen in het veld staan en ze dacht:
Ik kan toch wel wat bloemen plukken voor grootpoes?
Mijn moeder heeft me gezegd dat niet te doen
Maar ik weet al van de bloemen en bijtjes
Oma heeft mij toch ook gehad en ik had opoes
Ik heb toch niet voor niets een rood mutsje op
Mijn poesje, die *bij(t)* vindt mijn poes best lief
Die wolf is toch vast een verkleed schaapje toch!

Ze wist niet dat het net een andere som was
Ze kende het spookje van het zevende geitje niet
Het zevende geitje dat er nog niet was
* Roodkapje gaat nu het zevende geitje baren *
Dat hierdoor wist dar de wolf niet te vertrouwen was
Ook al liet hij zijn met meel wit gemaakte handen zien
Want ook zijn moeder en vader waren niet rein
Hij wist dat want zijn moeder had hem verteld
Over de bruiloft van twee vogeltjes die gevogeld hadden

Ik ben genaaid begrijp je en ik word nu totaal genaaid

And seven little goats, it was grandma's little clock
A pretty little fairy tale, isn't it, 'playing chess' with 'chicks'
A nice game, I will explain that to you later
What a dear little small *goat* though you are already
Nice that you yet wave to me with your little hand
Read food for 'children' who hunger and are thirsty
For justice, peace and satisfaction
Because that dear little snow clock is coming soon
When that little bee fertilizes it with his little *angel*
Which he has always with him to stitch you too
Maybe he stitches you this night already

Dear redbird, look out, look out
Also the wolves are hunting for you
They will eat you with hair and hide

Redbird saw standing on her way to her grandma
Flowers standing in the field and she thought:
I can pick up some flowers for grand pussy, can't I?
My mother but told me not to do that
But I know already from the flowers and the bees
Also granny had me already and I had o pussy
I don't wear a little red cap for nothing at all
My pussy, that *bee(t)* surely loves my pussy
That wolf is just a dressed little sheep, isn't he!

She didn't know it was just some other sum
She didn't know the little spook of the seventh little goat
The seventh little goat that wasn't yet there
* Redbird is going to give birth to the seventh goat now *
Which knew by this that the wolf wasn't trustable
Although he showed his hands white washed with oatmeal
Because also his father and mother were not clean
He knew that because his mother had told him
About the wedding of two birds which had been birding

I have been fucked you know and I am fucked totally now

Freude

Door die wolf die zo vals bij me binnen komen wil
Het geitje verstopte zich in oma's klokje
Op de zelfde manier als het stoute bijtje
Die hij ook helemaal 'op wond'
Met dit spannende 'slipje' van mijn spraak
Steeds meer opgewonden werd ze
Ze werd echt helemaal vochtig en nat
Tot al weer ze had in haar bed geplast

Eindelijk was het geitje er nu uit
Ze dacht: Roodkapje wordt nu spoedig mijn bruid
Maar wie kwam er uit de klok van grootmoeder?
De jager, hij stopte de wolf vol met stenen eitjes
Zodat de wolf zwanger werd van Einstein

Om de wolf nu even nog geen geween
Want het klokje werd zijn bruid
Ook een sneeuwwitje is niet wit als sneeuw
Ik sluit nu af, morgen ben ik weer een Leeuw
Sluit ook jij je oogjes maar en geeuw
Zo kan ik ook bij jou naar binnen toe
Ik vertel gewoon hoe laat of het al weer is
Want het is immers helemaal 'nog niet zo laat'
Vijf voor twaalf pas, wat geeft dat nou
Echt ik maak, ik 'maak je helemaal af'
Nu gaat het gewoonweg op een draf, nietwaar
Ik maak je eerst en haal je uit elkaar
Totdat je echt helemaal kapotjes bent of klaar
En toegeeft dat het je eigen schuld * niet * was
Dat ik deze dingen al dan niet tot je zeg

Maar kom dan toch, kom jij nu maar
Laat toch echt mij maar kapotjes gaan, jij niet
Want nog steeds, nog niet is dit verhaaltje 'klaar'
Dus kom dichter, dichter bij mij
Kleed je uit; dan kijk ik naar jou
Totdat je heel dicht, nog *dachten* bij me bent

By that wolf who tries to get into me so false
The little goat hided in grandma's little clock
In the same way as that nasty bee
Which he 'wound up' totally too
With this exiting 'little slip' of my tongue
More and more she was wound up
She was really totally wet and hot
Until she had peed her bed dirty again

At last the little goat had come out
She thought: Redbird will be my bride soon now
But who came out of the clock of grandma?
The hunter, he filled up the wolf with little stone eggs
So that the wolf got pregnant with Einstein

About the wolf now not yet some crying
Because the little clock became his bride
Also a snow white is not white like snow
I am closing now, tomorrow I will be a Leo again
Also you but close your little eyes and yawn
In this way I can get inside of you too
I just tell to you how late it is again
Because it isn't yet 'that late at all', is it
Just five to twelve, what does that matter
I will really, really 'make you totally over'
It is just going now with horse's strides, isn't it
I make you firstly and put you to pieces
Until you are totally damaged or ready
And confess that it was * not * your own fault
That I tell to you all these things or not

But come then though, do you but come now
Let just me be damaged, not you
Because still not, not yet this little story is 'ready'
So come closer, closer to me
Undress your self, I will look at you then
Until you are close to me, still *thoughts* to me

Freude

En raakt ook wat meer aan mij gewend
Al ben ik dan wel een heel grote *K(l)ok*
Toch zal ik je opnaaien eeuwen lang
En je plakken steeds weer achter het behang
Ik zal ik je ook strelen en blijven kussen
En je lieve poesje likken, dat wordt al heet
Want ik weet het zeker dat je dat wel wil, toch?
Dat ook ik af en toe mijn honger en dorst stil

Zie, ik ben helemaal niet beter dan de rest
Ik maak je <u>af</u> straks en eet je op
En hang je aan de muur dan op met mijn nagels
Elke dag maak ik je steeds weer <u>klaar</u>
Dagen, nachten, maanden, jaren lang
Blijf je naakt hangen achter het behang
Je kunt helemaal niet verzetten

Voortdurend dan 'kom' je, je komt
Je gilt het uit dat je bijna gaat komen
Maar nog steeds, nog steeds doe je dat niet
Dus nu wind ik je nog steeds verder op
Steeds heter wordt je en nog dit jaar
Zul je eindelijk komen, er eindelijk 'uit komen'
Want je bent al niet meer droog
Omdat ook jij me met die ander steeds bedroog

Nu <u>kom</u> je, daar <u>gaat</u> zij dan:
Prachtig nu toch al weer, daar <u>kom</u> je al
Zie je wel, dat is een orgasme, wist je dat niet?
Vind jij het dan ook gewoon niet fijn
Te worden een het opwindende klokje mijn?
Want echt, als jij je niet langer meer verzet
Hebben we samen heel, heel 'erge' pret
Over mensen die denken dat je klein bent
Natuurlijk, dat is waar maar je bent nu volwassen
Je oma vertelde het je toch al, immers?
Je bent helemaal niet mijn geval

End also get accustomed to me a little bit more
Although I am just a very big *C(l)ok*
Though I will fuck you for ages and ages
And stick you behind the wall paper ever again
I will also caress you and stay kissing you
And lick your dear pussy, it is still getting hot
Because I know for sure you do want that, don't you?
That I too still my hunger and thirst some times

Don't you see, I am not better than the rest
I make you over now and I will eat you
And hang you on the wall with my nails
Every day I will make you over ever and ever again
Days, nights, months, years long
You stay hanging naked behind the wall papers
You can't resist any more at all

Ever lasting you are 'coming', you are coming
You shout out aloud that you are coming soon
But still yet, still yet you don't do that
Thus now I wind you up still more and more
Ever hotter you get and still this year
You will come at last, you will 'come out of it'
Because you aren't dry any more yet
Because also you cheated me with that other every time

Now you <u>come</u>, there she is <u>going</u> then:
Splendid now again though, there you yet <u>come</u>
Don't you see, that is an orgasm, didn't you know that?
Don't you think too it will just be fine
To be a the winding up little clock of mine?
Because really, if you don't any more resist
We have a lot of 'severe' fun together, both of us
About people who think you are a little one
Of course, that is true but you are grown up now
Your granny already told you, didn't she?
You aren't my thing at all

Freude

Jij bent helemaal niet mijn rib maar komt er uit
Niet uit die van mij ook want je bent mijn bruid
Niet mijn dochter die ik nog niet heb
Maar binnen in jou nu wordt verwekt
Nu nog ben je ver weg maar je komt
Anders, ja anders ben je een stuk kakken

Dat wil je echt niet hè, komen uit de achterkant
Van de maan, een man geboren uit een man
Denk jij dan dat zoiets kan?
Dat je komt helemaal naar me toe uit het verleden
Maar je bent helemaal nog niet levensmoe, toch?
Bedenk toch dat elk kind in jou verwekt
Is ook een kind, een kind van de Goede Heer
Uit wiens hoofd het kwam want Hij dacht uit:
Ons dan gewoon een betere toekomst wacht
Als Hij iedereen, ja iedereen adopteert
Ook u, als u zich niet meer *bent verweert*

Dus kom op nou jij, wees dan een vent
Laat dit probleem toch niet over aan je vrouw
Blijf haar dus voor eeuwig en altijd trouw
Want zij toch immers kwam tot de mens
En stak zich zelf in de hens
Heet werd ze, ja ze werd zo heet
Dat ze nam zijn rib in zich en daaruit kwam
Een zusje voor de mens Abra Ham
Die dus ook een vrouw kan zijn, immers
Dus nu dan, offer nu niet meer aan Hem
Of schiet jezelf maar totaal door je kop
Als je dat wilt, als je dat beter vindt

Dit nu is hier en nu het Slot
Zo nu ben ik dus al weer thuis
Ik ben in het Slot in het boekje van Jozef Kaf...
Straks toch wordt ik gewoon gearresteerd?
Nu dus doe ook ik maar mijn armen maar omhoog

You are not my rib at all but come out of it
Not out that of mine too because you are my bride
Not my daughter that I don't have yet
But is created now inside of you
Still now you are far away but you will come
Otherwise, yes otherwise you are a piece of shit

You don't want that, do you, coming out of the back side
Of the moon, a man born out of a man
Do you think then such a thing is possible?
That you come to me totally out of past
But you aren't tired of life al all, are you?
Think though that every child created in you
Is also a child, a child too of his Goodness
Out of whose head it came because He thought out:
A better future is awaiting for us just then
If He adopts everyone, yes everyone
Also you, when you won't resist any more

Thus come on now you, be a strong guy
Don't leave though this problem to your wife
Stay true to her thus for ever and always
Because she came though to us men
And put herself on blasting fire
She got hot, yes she got so hot
That she took his rib inside of her and out of this came
A little sister for the man Abra Ham
So that he can be a woman too, isn't it
So now then don't sacrifice any more to Him now
Or shoot yourself though through the head totally
If you want that, if you think that's better

This now is here and now the Slot
So now I am thus in my home again
I am in the Slot in little book of Josef Kaf...
Later though I am just arrested, don't I?
Now thus also I but put up my hands

Freude

En wachten tot 'Het Proces' is aan 'Het Slot'
Want ik gaf me wel degelijk helemaal aan u bloot
Als iedereen dit niet gewoon accepteert
Heb ik me gewoon niet goed genoeg verweerd

Besef dan dat niet alleen God de mensen kent
Omdat God met velen is, ik ben een van hen
Die deze spookjes samen schreven
Ik werd daarin gewoon door Hem wat meer bedreven
Niet omdat ik zo Groot maar gewoon kleiner ben?
Dan de meeste mensen die ik zoal ken
Maar af en toe een pijntje dat went

Dus nu maar Vereniging met Anouk's sister
Waar ga ik de zestiende op bezoek
''Kan ik bij U terecht'' zeg ik dan ''met dit watten''
In afwachting van tegenstellingen bericht
Om af te drukken nu ook alvast
Om te laten zien hoe ver ik al gekomen was
In een week tijd als ik gewoonweg rustig blijf
En niet meer neer sla elk lekker wijf
Als ik niet teruggeef in de zelfde maat
Ik zelf kreeg, ik kreeg op mijn donderende dag
Kort geleden een ontzettend pak slagen
Dat kwam allemaal uit Den Hagen
Waar verbergt zich ook meestal het parlement

Dit wordt een heel erg uitgebreid boek straks nog
Want er komt nog veel en veel meer van mij
Als het mag toch wel weer eens een keer
Ik heb straks toch ook wel wat geld
Om even een vrouwtje te gaan kopen
Dat ga ik wel licht straks doen, met groter naam
Ga ik even voor het *Windows 98* daar staan
Ik loop er naar binnen waar ik al eerder was
Ik vraag doodgewoon of ik haar mag kopen
Ze mag ook best mijn voeten of zo wassen

And wait until 'The Process' has come to 'The Slot'
Because I have stripped myself totally, haven't I
When everybody doesn't accept this now
I just didn't defend myself good enough

Know then that not only God knows men
Because God is with many, I am one of them
Who wrote together these little spooks
I just got gifted by Him in that somewhat more
Not because I am that Great but just smaller?
Than most of the people who I know
But now and then a little pain you get accustomed to that

So now but Uniting with Anouk's sister
Where I am going to visit the sixteenth
''Am I with U to right'' I say then ''with these watts''
In expectation of dialectic massages (messages)
To print out just now then firstly
To show how far I did already come
In a week time when I just stay quiet
And don't hit down every tasty wife any more
When I don't give back in the same way
I got myself, I got on my thundering day
Short ago a horrible size of hitting and slaying
All of that came out of The Hughes
Where also is hiding most of the times the parliament

This will be a very big seized book later yet
Because a lot more of me is coming still
When it is allowed again for some times
I have later a little bit more money
To buy some nice woman for me
That maybe I am doing later, with bigger name
I am going to stand before the *Windows 98* there
I walk in, in where I was before years ago
I just will ask if I can buy her
She is allowed to wash my feet or so what

Freude

En verzorgen maar ik neem haar mee
Naar de komende bruiloft in Kanaän
Misschien toen zelfs al, jaren geleden * 1984 *
Toonde ik hoe Vissen en zo te veranderen in wijn
En inderdaad: dat heb ik al eens laten zien
Als een soort *hels* soldaat in een café
Hoe, gewoonweg naar de WC
En dronk op daar wat had gedronken
Wat heb ik vreselijk daarna gestonken

Want ik ben, ook ik doe het als een konijn
Morgen immers word ik helemaal al geslacht
Bij de tandarts die al op me wacht
En al mijn tanden en *kiezen* er uit gaat trekken
Op de schermen en ook dat gebeurde dus al
Ik werd impotent, zo impotent als de 'achtste pest'
Morgen dus even met de leuke tandarts grapjes maken
Want als je nooit meer iets te lachen hebt
Wat heb je dan aan een goed gebit? * Loesje *
Ook misschien echt wel naar de dokter toe
Om mijn bloeden en zo ook aan hem te geven
Voor medisch onderzoek om me te laten helpen
En ook om andermans bloeden wat te stelpen?

Even dus nu hier waar ik nu bij uit kom
Hier tussen wat ik al eerder schreef
In mijn Lekker Kerker Erker Sterker Werker
Eruit trek dus dan nu niet de stekker
Want dan ga je echt dood, heus of niet soms?

Dus ik was dus in *Lekker Kerk*, ik breid het wat uit
Voor mijn neefje, die gestorven is in 1964
Waar ik nu misschien wel ben, in 1964
Denk je dat ik daar nu ben, bij mijn oom Piet?
Van wie ik een tientje kreeg voor mijn eerste boek
Want dat schreef ik ook vanwege mijn neefje
Dat een ongeluk kreeg op de Moraal Dijk

And treating them but I take her with me
To the coming wedding in Canaan
Maybe even then already, years ago * 1984 *
I showed how to change Pisces and so into whine
And indeed, I already showed that
As a kind of _hell_ soldier in a bar or café
How, I just went to the toilet there
And drank what I did drink before
I was stinking later after that terribly

Because I am, also I am doing it like a rabbit
Tomorrow I am slaughtered already totally
By the dentist who is already awaiting me
And is going to pull all my teeth and *choosers*
On the screens and also that thus already happened
I became impotent, as impotent as 'the eighth plague'
Tomorrow then making jokes with the funny dentist
Because when you never have to laugh somewhat
For what healthy teeth are good then? * Loesje *
Also maybe, really to the doctor
To give my bleeding and so to him too
For medical research to let me be aided
And also to stop the bleeding of others somewhat?

Just now thus where I come with just now
Here between which I wrote before
In my Lekker Kerker Erker Sterker Werker
Don't pull out then the plug now yet
Because then you really die, don't you?

Thus I was in *Tasty Dungeon*, I make it bigger
For my nephew, who died in 1964
Where maybe I am now, in 1964
Do you think I am there now, with my uncle Peter?
From whom I got ten guilders for my first book
Because I wrote that also in behave of my nephew
Who had an accident on the Moral Dike

Freude

In de kleine plaats waar ik geboren ben
Waarheen hij helemaal verdwaald was
Om een Ambacht te leren, hij kwam naar me toe
In de Lekker Kerker Erker Sterker Werker?
Al mijn geluk ineens toen helemaal stuk

Want ook ik werd door een vrachtwagen overreden
Al die wielen over me heen, hij had me niet gezien
Want ik was immers nog maar net veertien
Daarna stond ik op en ging naar hem toe
Die me uit de dood tot zich had geroepen
Ook zijn vader is nu gestorven, eerder al
Dan mijn eigen vader, de broer van Pietje ook
En Jan, een oom, maar die leeft nog
Mijn moeder ook, die is dan wel al heel oud
Ze wordt beter verzorgd, mijn vader is dood
Want nu leert ze beter voor zich zelf zorgen
Omdat mijn vader al te zorgzaam was
Goed wellicht, maar juist daarom, echt
Het was niet helemaal goed, ook niet van mij
Omdat ook ik het hem zo moeilijk heb gemaakt

Ach, wat stierf hij toen hard, dat is erg, sterven
Uiteindelijk dan, na een lange, lange doodsstrijd
Stierf hij, gestikt en bleef rustig liggen
Hij ging in zijn kist en werd in de grond gestopt

En daar dus, daar ben ik wel bij geweest
Ook bij mijn Opa, bij zijn crematie
Langzaam ging de kist naar beneden in het vuur
En na lange langere langste kortste kortere korte dagen
Waarin hij steeds bij me op kwamen dagen
Hij liep Amen met mij toen over het water en
Is Deo zeiden we Amen en oneven Uit

Ga nu maar lekker slapen, lieve kleine *guit*
Nog even een paar woorden totdat ik besluit

Thomas de Haan

In the little village where I have been born
In which he had lost his way for good
To learn some Trade, he came to me
In the Lekker Kerker Erker Sterker Werker?
All my luck and happiness then quite gone

Because also I was overridden by a freight car
Al that wheels over me, he didn't see me
Because I still was just fourteen yet, wasn't I
After that I stood up and went to him
Who had called me out of death to be with him
Also his father now has died, sooner already
Than my own father, the brother too of Petra
And John, an uncle, but he is still alive
My mother too, although she is very old now
She is treated in a better way, my father is dead
Because now she learns to take care for herself better
Because my father was much too careful
Good maybe, but just that's why, really
It wasn't totally good, also not of me
Because also I made it that difficult for him

Alas, what did he die hard, that is horrible, dying
At last then, after a long, long dead struggle
He died, he was choking to death and stayed lying quiet
He went into his box and was put under the earth

And there thus, I have been with, yes, I was there
Also with my Granddad, with his cremation
Slowly the box went down into the fire
And after long longer longest shorts shorter short days
In which he showed himself ever again to me
He walked Amen with me over the water and
Is Deo we said Amen and uneven Out

Do go to sleep now, dear little small *goat*
Just a few words still before I am stopping this

Freude

Vermanend tot grote mensen
Wreek je niet steeds op elkaar, houd op
Met steeds met elkaar oorlog voeren
Want echt, daar was de Reden
Als we ons niet meer wreken op elkaar elke keer
Veroorzaakt door ongeduld en seksuele schaamte
Dan zou de aarde een paradijs zijn

Geef niet je zelf tot offer voor een betere wereld
Man helpt vrouw, vrouw helpt man
Helpt allen wat helpen kan
Zei mijn moeder vaak en dat is wijs
We moeten elkaar 'er uit helpen'
Alleen gezamenlijk overwinnen we de wereld
We zijn met heel velen, met zijn allen, dan wel
Plaats niet steeds je zelf in het middelpunt
Van het Heelal, ben je beter dan?
Maak dat alsjeblieft een ander wijs, dat is niet waar

Plotseling had ik Zevenmijlslaarzen toen
En gaf de vrouw van de Reus een zoen
Ik kende de weg op mijn duimpje
En koos willekeurig steeds een weg bij de zevensprong
Een weg die leidt naar Huis, naar Rome?
Maakt het echt wat uit, is er een verkeerde weg?
Alle wegen leiden naar Huis
U moet toch gewoon ook eens komen
Even allemaal nu weer wat dromen:

Nu dan maar tot Slot en Sleutel
Die gebroken is, wie zal hem maken?
Een zwarte smid uit *Engel Land*?
Wat toch is met mensen aan de hand?
Tot slot geef ik je een wijze raad:
Als je niet gissen kunt, laat dan je raden
Want alleen kom je er zeker niet in
Eis de hemel niet op voor je zelf alleen

Moralising to grown up people:
Don't take revenge with each other, stop
With making war with each other ever and ever
Because really, that was the Reason
If we don't take revenge on each other every time
Caused by impatience and sexual shame
The world would be some paradise

Don't offer your life to reach a better world
Man helps wife, wife helps man
All help what can be helped
My mother said often and that is wise
We must help each other to 'come out'
Only together we will conquer the world
We are with very much, than we will
Don't put your self in the middle ever
Of the Universe, are you better then?
Please tell that to some other, that isn't true

Suddenly I had Seven miles Boots then
And gave a kiss to the wife of the Giant
I knew my way on my little thumb
And chose out of free will some way out of seven
A road which leads Home, to Rome?
Does it really matter, is there a wrong way?
All roads are leading Home
You too have to come just though
For some time dreaming all of us:

Now then but to Slot and Key
Which is broken, who will repair it?
A blacksmith out of *Angel Land*?
What though is wrong with people's hands?
At the End now I give you a wise advice:
When you can't guess, let you advice
Because on your own you don't come there for sure
Don't order heaven for your self alone

Freude

En blijf ook met beide benen op de grond
Een Paradijs kan er nog niet zijn terstond
Maar als het eens mogelijk zou zijn
Dat we werkelijk van elk ander hielden
Dan was de wereld toch een paradijs
Als we elkaar niet om het Minste of Geringste
Zouden bedreigen en elkaars leven nemen

Thomas de Haan

And also stay with both foots on the ground
A Paradise can't be there at once
But when it would be possible
That we really loved every other
Then the world would be some paradise
If we not for the Least and Lesser
Would threaten and take each other's lives

De Dame der Dageraad

I

Zie: het gebeurde in die Tijd/Ruimte
Ik hoop dat ik niet teveel *overdrive*
Dat hij in *Hemel Beth* werd geboren
Hij die in de toekomst werd verwacht
Door zijn moeder en zijn vader
Die zo heel erg 'pregnant' op Hem waren

Afgezakt van de rivieren
Kwamen fluks de Baten Vieren
In het jaar vijftig na nul
Echt, het is geen flauwe kul

Buddingh verzon Gorgel *dieren*
Hij schreef dus niet over plevieren
Want dezen bestaan echt
Zoals de Uil en de Specht

Langgerekt aan den dijk
Langs de rivier die Moraal heette
Lag het dorpje Moraal ik tijd
In het heden al lang vergeten

Over de rivier lag geen brug
Een pontveer voer heen en terug
Tussen Moraal ik tijd en Ge Morrel

Nu hebt u me goed op den korrel
Maar druk alsjeblieft niet af

Thomas de Haan

The Lady of the Dawn

I

Look: it happened in that Time/Space
I hope I don't *overdrive* too much
He was born in *Hemel Beth*
He who was expected in future
By his mother and his father
Who were so very 'pregnant' about Him

Floated down the rivers
Came quickly the Bata Veers
In the year fifty past zero
Truly, it is no complete non sense

Buddingh fantasized Gurgle *dears*
And so didn't write about plea veers
Because these exist in reality
Like the Owl and the Woodpecker

Long-drawn outside the dike
Along the river called Moral
Lay the little village Moral I time
In the now since long forgotten

Over the river was no bridge
A ferry sailed to and fro
Between Moral I time and Go Moral

Now you do have me in picture right
But please don't shoot me

Freude

Vraagt u de schrijver een beetje laf?
Vanuit een andere plaats dan deze
Een stad in feite als we wel wezen
Waarin hij soms vreest met grote vreze
Weet dan: hij was een Brillen Jood
Zodat hij alles heel scherp zag
Intelligenter dan menigeen
In zijn jeugd ook wel heel *Gemeen*

Ik zal u vertellen wat hij zoal heeft beleefd
Wie is het die in zijn stoel nu beeft?
Moest een iemand alles dragen?
Of moeten we allemaal ons eigen kruis dragen?
Zonder al te vaak en hevig te klagen

De Zevenster dat zes huizen telde?
Veertien, zeventien, vier honderd dertig
Honderd drie en tachtig, drie honderd vierenveertig
Drie honderd zes- of achtendertig uiteindelijk
Honderd, vijftig, vijfentwintig
Dit zijn jaren en huisnummers
Dokter van Eden * *escudo naam* *, Sint Jozef
Waterman, Steenbok, Vissen, Ram
Boogschutter, de Matraya: 9 juli 1978
Tekenen zijn zij des Duivels? Onbegrijpelijk is het
Het kan niet toevallig zijn, of wel?

Het veer voer die dag niet
Want de rivier lag vol ijsschotsen
Maar nog niet helemaal dichtgevroren
Zijn moeder lag in hevige pijn
Het kind lag helemaal verkeerd
Kon de dokter nu maar spoedig komen
Dat zou toch echt wel nodig zijn
Of moet er wat meer water bij de *azijn*?

Wilt u nu even een dokter bellen?

Thomas de Haan

Asks you the writer a little bit cowardly?
Out of another place than this
A town in fact if we are just well
In which he sometimes fears with big fear
Do know then: he was a Spectacle's Jude
That's why he saw things sharply
More intelligent than a lot of us
In his youth some very *Gemini* too

I will tell you what he experienced somewhat
Who is it who trembles in his chair now?
Did one person have to suffer every thing?
Or do all of us have to bear our own cross?
Without complaining too severe and often

The Seven Stars which counted six houses?
Fourteen, seventeen and four three zero
Hundred and eighty three, three hundred and forty four
Three hundred and thirty six or eight at last
Hundred, fifty, twenty five
These are years and home numbers
Doctor of Eden * *escudo name* *, Saint Josef
Aquarius, Capricorn, Pisces, Aries
Sagittarius, the Matraya: 9 July 1978
Signs, are they from the devil? It isn't understandable
Could that be by accident, no it isn't?

The ferry didn't sail that day
Because the river was full of floes of ice
But not totally frozen yet
His mother was in severe pain
The child lay totally wrong
Could but the doctor come soon now
That would be necessary, wouldn't it?
Or must be done some more water in the *vinegar*?

Do you want to call the doctor now?

Freude

Ik ben werkelijk hart stikken gek
De dokter moet aan komen snellen

Jan was de snelste van de cellen
Dus hij kwam dus als eerste bij het Y
Hij klopte aan en zei pardoes:
''Hier ben ik dan mijn lieve snoes
Ik pel je wel even uit je bloes
Laat me binnen, laat me bij je komen
Ik weet heus wel hoe je heet
Je bent Willeke van Voren
Ik kom je lieve rust verstoren''

''Kom binnen'' zei vrouwtje Klein
''Sluit de deur en doe hem op Slot
De anderen moeten buiten blijven
Zodat wij elkaar in kunnen lijven
Laten we tot elkaar ingaan nu
Het Y gaat zich dan spoedig delen''

Een eitje van zijn moeder en zaad van zijn vader
Jan werd beiden, man en vrouw, zoals een ieder
Laten we elkaar toch trouw blijven
Misschien soms moeilijk, maar zo watt…

Waar werd oprechter trouw?
Dan tussen deze man en vrouw
Ter wereld ooit gevonden
Niemand kan zonder enig ander
Dus daarom mensen, bemint elk ander
Ook in uren van onenigheid, juist in die stonden

Ze waren groen als gras en verliefd
Daarvan moest een keer wat van komen
Hij heeft haar in het groen genomen
Wat er gebeurde toen ik pas vier was?:
Een even oud meisje toonde me haar broekje

Thomas de Haan

I really am totally mad
The doctor has to run for me fast

John was the fastest of the cells
Thus he came as the first at the Y
He knocked the door and said plump:
''Here I am then my dear little pussy
I just will pull you out of your blousy
Let me come in, let me come in with you
I truly know the names you are called with
You are little Willy in Front
I have come to disturb your dear rest''

''Come in'' said woman Little
''Close the door and Lock it
The other ones have to stay outside
So that we two can unite together
Let us come inside of each other now
The Y then will begin dividing soon''

An egg from his mother and seed from his father
John was both, man and wife, like all of us
Let us stay true to each other though
Maybe difficult some times, but so watt…

Where has been found more trueness?
Then between this man and wife
Ever been found in the whole world
Nobody can do without any other
That's why peoples, love each other
Also in hours of struggle, just at those moments

They were green like grass and in love
From that some time had to come some thing
He took her between the greens
What did happen when I was just four?
An equal old girl showed me her slip

Freude

Stoer deed ik mijn broek en slip omlaag
Als om te zeggen: ik durf meer dan jij

Maar ineens ik schrok me een ongeluk
Want mijn Vader kwam aangelopen
Vlug trok ik mijn slip en broek omhoog
Zwijgend pakte mijn vader mijn hand
Hij zei niets, ook niet bij het avondeten
Van welke boom mogen kinderen niet eten?

II

In 2176 werd ik lid van de L S D P
Liberaal Socialistisch Democratische Partij
In 2277 kreeg ik een bericht: Herhalingsoefeningen
Ik deed een beroep op de wet Gewetensbezwaren
Daarom moest ik in 2078 bij een psychiater komen
''Je had niet goedgekeurd mogen worden''
Zei hij na het horen van mijn verhaal
''Waarom niet?'' vroeg ik beledigd
''Je had het moeilijk genoeg met je zieke moeder''
''Mijn moeder was gek, niet ik'' zei ik

In juni werd ik buitengewoon dienstplichtig verklaard
Ik raakte hierdoor in verwarring, wat te doen?:

'Waar ben ik?' dacht Jan toen hij wakker werd
Het lijkt wel slaapzaal van kazerne, ik moet dromen
Laat ik maar mijn 'ogen er voor sluiten'
Het geluid van een hoorn klonk even later
Ten teken van het ochtend appèl
Jan hield zijn ogen stijf gesloten

De andere soldaten stonden allemaal op
Ze wasten zich en kleedden zich aan
Jan viel al weer spoedig in slaap
Opeens werd hij door elkaar geschud

Sturdy I lowered my trousers and slip
As if to say: I dare more than you do

But suddenly I was frightened to death
Because my Father came walking on
Quickly I pulled up my slip and trousers
Silently my father took me by my hand
He said nothing, also not with dinner
From what tree children are not allowed to eat?

II

In 2176 I became a member of the L D S P
Liberal Democratic Socialistic Party
In 2277 I got a message: Recapitulate Exercises
I did protest against that with Conscience Objections
That's why I had to see a psychiatrist in 2078
''You shouldn't have been passed for service''
He said after that he had heard my story
''Why not?'' I asked offensively
''You had it difficult enough with your sick mother''
''My mother was crazy, not I'' I said

In June I was declared extraordinary liable for service
I was confused by that, what did I have to do?:

'Where am I?' John thought when he awoke
It looks like a dormitory of a barrack, I must be dreaming
Let I but 'close my eyes for it'
The sound of a siren some time later rang
As a sign of the morning parade
John held his eyes closed tight

The other soldiers all arose
They washed and dressed themselves
John soon fell asleep yet again
Suddenly he was shaken up

Freude

En een barse stem zei kwaad:
''Soldaat Zonder Naam, wordt wakker
Waarom heb jij je schoenen aan in *bad*?
Dit komt je een heel zware douw te staan''
Jan keek beduusd naar zijn soldatenkistjes

Langzaam kwam hij tot zich zelf en zei:
''Ik hoef dit niet te nemen, ik weiger dienst''
''Weet je eigenlijk wel wat dat betekent?''
Vroeg de sergeant met honende stem
''Kom op, kleed je aan, we gaan naar de majoor''

John gehoorzaamde en ging met hem mee
Ze liepen over een erg lange gang
De sergeant klopte op een der deuren
''Binnen'' schalde een vrouw
John volgde de sergeant naar binnen
Hij ging nonchalant op een stoel zitten
Hij herkende de vrouw, het was Willeke van Voren
''Willeke'' zei hij, ''wat doe jij hier in dat apenpakje?''

''Ik ben je Willeke niet'' zei de vrouw
''Je verwart me met een ander, ik ben Pat Stelling
Sergeant, wat misdeed deze Soldaat?''
''Soldaat Zondernaam weigerde dienst, majoor
Maar u kunt hem vast andere gedachten geven''
''In dat zal ik vast slagen'' zei de vrouw
''Want ik ben Psyche Analyse Telepaat''

''Ik geloof niet in Telepathie
En wat Zondernaam?'' zei Jan
''Dat doet er niet toe, ook zonder geloof werkt het''
Indringend keek ze Jan in de ogen
Plotseling zakte hij onderuit in zijn stoel
Hij viel even later in slaap en droomde:

''Wordt allen maal fascisten en racisten''

And a harsh voice said angry:
''Soldier Without a Name, wake up
Why do you have your shoes on in *bad*?
This will cost you big punishment''
John watched confused at his soldier's boots

Slowly he begot encouraged and said:
''I don't have to take this, I refuse service''
''Do you know what that means in fact?''
The sergeant asked with scornful voice
''Come on, dress up, we will go to the major''

John obeyed and went with him
They walked across a very long corridor
The sergeant knocked on one of the doors
''Do come in'' a woman shouted
John followed the sergeant inside
He seated himself nonchalantly on a chair
He recognized the woman, it was little Willy in Front
''Willy'' he said, ''what do you do here in monkey suite?''

''I am not your Willy'' the woman said
''You are confusing me with an other, I am Pat Stalemate
Sergeant, what did this Soldier do wrong?''
''Soldier Without a Name refused service, major
But you surely can give him other thoughts''
''In that I will succeed for sure'' the woman said
''Because I am a Psycho Analysis Telepath''

''I don't believe in Telepathy
And what Without a Name?'' John said
''That doesn't matter, also without believe it will work''
Emphatically she stared John into his eyes
Suddenly he lowered down in his chair
He fell asleep some time later and dreamt:

''All of you, become to be fascists and racists''

Freude

Zegt een man die uiterlijk op Jan lijkt
Tientallen mensen melden zich aan
Jan wordt woedend en loopt naar voren
Hij tilt de man bij zijn benen op
En slaat hem op de stenen vloer de hersens in
Anderen proberen hem, geweldloos, over te halen
Hij slaat die ook allemaal dood
De rest van de menigte vlucht uit de buitendeur

Daar ontmoet Johanna *Rijkaard* Fortuin
Hij ook al is van de partij
''Dat kan niet waar zijn'' zegt Jan bedroefd
''Mijn broeder is geen fascist, we moeten zeker dromen
Dus laten we maar van die flat af springen
Ik wil niet in een dergelijke wereld als deze leven''
''Ben je nu helemaal gek'' zegt Hermina Brood
''Ga maar alleen, ik kijk wel uit''
Jan neemt de lift naar de bovenste verdieping
En springt er zonder aarzelen vanaf

Hij daalt neer door een kerk met open dak
Een priester nadert met een kist champagne
En Zeven Beeld Schone vrouwen
Want het Celibaat kan worden opgeheven * 1984 *
Eva Maria Venus spreekt nogal schunnig
Om hem dat een beetje uit te leggen
''Je bent wel heel erg rechtstreeks''
Zegt Jan op zijn pik getrapt
''Dat was nog helemaal niet zo rechtstreeks''
Zegt ze met wellustige blik
Ze wrijft met haar onderlichaam tegen dat van hem

Jan dwaalt door de kerk, hij 'kan er niet uit komen'
Hij volgt zijn overreden hond, die al lang dood was
Deze weet de uitgang en leidt hem naar een draaideur
* Draaien, draaien, of je gaat vast naar de haa... *
Hij is gesloten totdat Jan bedenkt:

A man says who is a look alike of John
Tenfold of people announce themselves
John gets outrageous and hurries to the front
He heaves the man by his legs
And crashes his brains on the stone floor
Others try to persuade him, violent less
He knocks down dead all of them too
The rest of the crowd flies out of the outside door

There Johanna meets *Richard* Fortune
He too already is from the party
''That can't be true'' John says sadly
My brother is no fascist, we surely have to dream
Thus let us but jump down that flat
I don't want to live in a world like this''
''Are you totally mad now'' Herman Bread says
''Do go but on your own, I will beware''
John takes the elevator to the top store
And jumps down from there without hesitating

He lowers down a church with an open roof
A priest nears with a box with champagne
And Seven Splendid looking women
Because Celebratory can be done away with * 1984 *
Eve Maria Venus speaks fairly scurvy
To explain that to him a little bit
''You just are very direct now''
John says trodden on his cock
''That just was not direct at all yet''
She says with lustful glance
She rubs her belly against his belly

John dwells through the church, he can't 'come out of it'
He follows his overridden dog that died a long time ago
This knows the way out and leads him to a revolving door
* Revolve, revolve, or you surely will go to the haa… *
It is locked until John thinks of:

Freude

'Sesam open u' of een andere Wachtwoord
Hij kan gemakkelijk naar buiten lopen
Daar is een demonstratie aan de gang
''Lang leve Jezus Christus''
Roepen de demonstranten in koor
''Lang leve het Socialisme'' vult Jan aan
De mensen stormen woedend op hem af
Jan braakt, hij braakt 'bedrukt' papier
De demonstranten bukken en verslinden de '*hostie lied tijd*'

Toen ik wakker werd onthield ik deze droom
Moest ik mensen overtuigen dat geweld nutteloos is?
Ik kwam er eigenlijk 'niet goed uit'
Zes dagen sliep ik in het geheel niet
En ik was ook gestopt met roken

Op 9 juli 1922 sprak ik 'wartaal'
Ik had extreem angstige en gelukkige momenten
Mijn vader en broer brachten me naar het ziekenhuis
Waar ik met een psychiater zou praten
Er werd Schizofrenie vastgesteld
Vijf 'eeuwigheden' moest ik daar blijven
Ik werd op 5 mei 2945 weer vrijgelaten

Ik ging het dodenrijk binnen
Waar de Zwarte Heerser de scepter zwaaide
Vanuit de verte zag ik het slot waar hij verbleef
Verscheidene patrouilles kruisten mijn pad
Maar ze lieten me ongemoeid gaan
Omdat ik een Ster op mijn voorhoofd droeg
Dit betekende dat ik in Vrede kwam

Ik liep door dicht beboste en drassige streken
Opeens zakte ik diep weg in de modder
Een Lelijke Eend met kenteken 77-RK-1984
Die ik van 1977 tot 1984 bezat, trok me er uit
Steeds dichter naderde ik het kasteel

Thomas de Haan

'Sesame open' or some other Key word
He can walk out easily
There a demonstration is taking place
''Long live Jesus Christ''
The demonstrators shout in choir
''Long live Socialism'' John amplifies
The people dash outrageous at him
John vomits, he vomits 'depressed' paper
The demonstrators bow and devour the '*hostility*'

When I awoke I remembered this dream
Did I have to convince people that violence is senseless?
I properly could not 'come out of it' well
Six days I did not sleep at all
And I had stopped smoking too

At the 9th of July 1922 I spoke in 'war tongue'
I had moments of extreme deep depression and happiness
My father and brother brought me to the hospital
Where I would talk with a psychiatrist
Schizophrenia was the diagnosis
Five 'eternities' I had to stay there
I was released at the 5th of May 2945

I went inside the realm of the dead
Where the Black Ruler wielded the sceptre
From afar I saw the castle where he had his residence
Several patrols crossed my path
But they let me pass freely
Because I had a Star on my forehead
This meant that I came in Peace

I walked through thick afforested and swampy regions
Suddenly I sank deep into the mud
An Ugly Duck with sign 77-RK-1984
Which I owned from 1977 until 1984, pulled me out of it
Ever nearer I approached the castle

Freude

Van de heerser van dit onbestemde land
De poort opende zich voor me
De poort van het *Tijd Slot Einde*
Heel wat vreemde wegen moest ik gaan
Om dicht bij de Zwarte Heerser te komen
Deze wegen zijn her en der dit boek beschreven
Natuurlijk is er nog veel meer gebeurd
Dan ik in kort bestek kan samenvatten

Toen ik er was speelde ik Schaak met Hem
Wat ik natuurlijk wel moest verliezen
Maar ik had een troef achter de hand
Omdat de Zwarte Heerser gebonden is
Aan de regels, de regels van zijn Spel
''Mat'' zei Hij trots. ''Niet echt'' zei ik
''Ik kan eigenlijk nog wel heel wat zetten doen''

''Welke dan?'' vroeg Hij verbaasd
''Deze'' zei ik en ik verzette een stuk
''Dat kan niet'' zei Hij, ''ik kan nu je Koning slaan''
''Zo, doe dat dan'' zei ik, ''sla me maar''
''Nee''zei Hij, ''dat is ook tegen de regels
Een gewone sterveling mag de regels overtreden
Maar ik niet, ik kan de Ster niet verslaan
We moeten het in gedachten uitvechten
Met snel schaken mag het misschien wel''
* Voor de al te *roeken lozen*! *

Hij legde een korrel op het bord
De Korrel waarover al M. Biesheuvel schreef
In zijn verhaal 'De Steen der Wijzen'
Een erg kleine maar heel zware korrel
Zo zwaar dat alleen God hem kan tillen
Een Zwart Gat was deze korrel
Hij hield het bord *'schuin'*
Donderend viel de korrel van het bord
Door me heen, tot aan mijn blinde darmen

Of the ruler of this indeterminate country
The gate opened for me
The gate of the *Time Lock End*
A lot of strange ways I had to go
To approach close to the Black Ruler
These ways are described hither and thither in this book
Of course still much more has happened
Than I can take together in short scope

When being there I played Chess with Him
That I had to loose of course
But I had left some trump-card
Because the Black Ruler is bound
To the rules, the rules of his Game
''Mate'' He said proudly. ''Not really'' I said
''I actually can do a lot of moves yet''

''What moves then?'' He asked surprised
''This'' I said, and I moved a piece
''That is not possible'' He said, ''I can hit your King now''
''So, do that then'' I said, ''but hit me''
''No'' he said, ''that is against the rules too
An ordinary mortal may break the rules
But not me, I can not conquer the Star
We will have to fight this in thoughts
At fast chess maybe it maybe is allowed''
* For them who are much too *reckless*! *

He laid a grain on the chess board
The Grain about which already M. Dishevel wrote
In his story 'The Stone of the Wise'
An extremely small but very heavy grain
That heavy that only God is able to heave it
A Black Hole this grain was
He held the board *'obscene'*
Thunderous the grain fell from the board
Right through me, as far as my blind guts

Freude

Had dit lot maar een beter iemand getroffen
De leeuw zou gras eten gelijk het rundvee
Een kind zou met een Slang kunnen spelen
Is Lam zou neder liggen naast de tijger
Niemand zou een haar gekrenkt worden

De geldwolven hadden me uitgenodigd
Ik had het maar geaccepteerd
Hoewel ik het niet zo op geldwolven had
Boer X Ram kwam op me toe
En luisterde me iets in mijn oor

Ten slotte eindigde hij met:
''Laat de geldwolven maar aan hun lot over''
Dat kon ik echter niet doen
Iedereen is voor verbetering vatbaar, dacht ik
''Laten we vluchten'' zei mijn Zelf
''De varkens komen eraan
De varkens van *Oor Wel*, om ons te verslinden''

Voor hen uit zweefde ik naar de uitgang
We werden opgewacht door de drie biggetjes
De geldwolven lachten en vingen de biggetjes
Ze gingen weer naar binnen
''De echte varkens komen van de andere kant'' riep ik
Maar door *een hard gelag* hoorden ze me niet

Na enige tijd volgde ik hen
Om hen of de biggetjes te redden, maar ik was te laat:
Plotseling stormden de zwijnen de zaal binnen
Sommige geldwolven *zwijnden*
En konden met me ontsnappen
Maar de meesten werden genuttigd
Tot leden van de varkens maatschappij
De varkens veranderden op den duur in mensen
Nieuwe Geld wolven stonden op
Zij waren belust op macht en kregen het dus

Had but this fate but hit a better one than me
The lion would eat grass like the cattle
A child would be able to play with a Serpent
Is Lam would lie down with the tiger
Nobody would be hurt in the least

The money wolves had invited me
I had but accepted it
Although I couldn't stand money wolves that well
Farmer X Ram came close to me
And listened something into my ear

At last he ended with:
''But leave the money wolves to their fate''
But I just could not do that
Everyone can be made a better person, I thought
''Let us flee'' my Self said
''The pigs are coming
The pigs of *Ear Well*, to swallow us''

In front of them I suspended to the way out
We were awaited for by the three little pigs
The money wolves laughed and caught the little pigs
They went inside again
''The real pigs are coming from the other side'' I shouted
But from *loud laughter* they *didn't hear me pay the bill*

After some time I followed them
To save them or the little pigs, but I was too late:
Suddenly the swines stormed into the hall
Some money wolves *swined*
And could escape with me
But most of them were consumed
To become a member of the pig society
The pigs at last changed into people
New Money wolves stood up
They were eager for might and so they got it

Freude

Er lag een man boven op me die zei:
''Als je er niet binnen tien minuten uit bent
Ben je zeker geheel totaal en helemaal verloren''
In vijf minuten had ik hem uit bed gewerkt
Ik deed het licht aan; het was de 'Grote Boze Wolf'

III

Ik word tegen de muur gedrukt
En spreek mijn belagers bestraffend toe
Ten slotte druipen ze beschaamd af
Niemand durft de eerste steen te werpen
Uiteindelijk beseffen ze ook hun eigen schuld
Maar heb ik hen niet om de tuin * van Eden * *geleid*?
Door te beweren dat *Koek en Ei niet alles is*
Terwijl ook ik naar het paradijselijke streef

Als u wilt weten hoe ik echt ben
Moet u toch het hiernavolgende maar lezen
Hier lever ik ook kritiek op mezelf
Niet alleen op de o zo kapitalistische maatschappij:

Ik doe alvast een soort Panter in de jerrycan
Om niet van het andere Roofdier te spreken
En vul er de tank van mijn zwarte Leeuw mee
Ik stap in en start, de motor begint direct te spinnen
Het spinnen gaat over in luid gebrul
Als ik het gaspedaal tot op de bodem indruk

Met gierende banden scheur ik weg
Hier en daar schep ik wat groot wild
Wat kinderen en oude dametjes
Ik heb nu geen tijd om op zulke Futiliteiten te letten
Daarvoor is de inhoud van de kofferbak te belangrijk

Deze bestaat uit verouderde handwapens
Voor achtergebleven delen van de wereld

Thomas de Haan

A man lay above me who said:
''If you aren't out of it in ten minutes
You are completely and totally lost for sure''
In five minutes I had worked him out of bed
I switched on the light; it was the 'Big Bad Wolf'

III

I am pressed against the wall
And speak reprimanding to my attackers
At last they slink away ashamed
Nobody dares to throw the first stone
At last they sense their own faults too
But didn't I lead them around the garden * of Eden *?
By claiming that *Cookies and Eggs is not all*
Although I too am striving at paradisiacal conditions

If you want to know how I really am
You just have to read the things which will follow
Here I criticize myself too
Not only the extraordinary capitalistic society:

I just am doing some Panther in the jerry can
As if not to speak of the other Predator
And fill up the tank of my black Leo with it
I enter and start, the motor directly begins to spin
The spinning changes in a loud roar
When I push the accelerator pedal unto the bottom

With screaming tires I tear away
To and fro I shovel some big wild animals
Some children and old ladies
I haven't the time now to notice such Futilities
The contents of my trunk is too important for that

This consists of outdated hand weapons
For backward countries in the world

Freude

Waar ze elkaar nog steeds met speren te lijf gaan
* Bedankt Yup van 't Hek *
Om hen in de vaart der volkeren op te stoten
Oorlogen kunnen beter daar worden uitgevochten
Dan in een land als het rijke Reden land
Laat ze daar elkaar maar afslachten
Niet in onze tuin, het is 1984 geweest
Grote Broer heeft immers altijd gelijk

Ik heb ook tandenborstels bij me en tandpasta
En grote hoeveelheden hondenpoep
Dit is een experiment om uit te vinden
Of Afrikaanse akkers ermee vruchtbaar te maken zijn
* Met dank aan Robert Long:
''Ze moeten nu maar weten dat
We al die tijd al schijt aan ze hebben gehad'' *
Natuurlijk verlangen we er wat voor terug
Ook al kost het ons niets deze poep
We krijgen er goedkope koffie voor
Voor dorstige Redenlandse kelen

Waar de tandpasta en tandenborstels toe dienen?
Dan kunnen ze na het eten hun tanden poetsen
* Bedankt Yuppie *
Zodat die negers niet zo uit hun mond stinken
Bij het onderhandelen over de koffieprijzen
Zodat de geur van de armoede niet te ruiken is
En we zonder gewetensbezwaren
De koffieprijzen zo laag mogelijk kunnen houden

Maar de geldzucht van velen stinkt harder
Uit hun grote mond, wat kunnen ze praten
Die politici, de goede niet te na gesproken?
Jammer dat zwarten zelfverzekerder worden
Men wrijft ons aan dat we hen uitbuiten
Halfzachte inwoners van Reden land met medelijden
* Mon Dieu, a pitié de moi et cette Pauvre Peuples *

129

Where they still threaten themselves with spears
* Thank you, Yup van't Hek *
To show them how we do that in a developed country
Wars better can be fought out there
Than in a country like the rich Reason land
Let them but slaughter them selves there
Not in our garden, 1984 is over
Big Brother is always right, isn't he

I also have tooth brushes with me and tooth paste
And big amounts of dog shit
This is an experiment to find out
If the African fields can be fertilized with it
* Thanks to Robert Long:
''They must but know now then but
We took them for shit all that time'' *
Of course we expect something back for it
Although it costs us nothing this shit
We get very cheap coffee for it
For thirsty Dutch reason throats

To what the toothbrushes and toothpaste do serve?
Then they can brush their teeth after dinner
* Thanks Yuppie *
So that these niggers don't stink out of their mouth
When negotiating about the coffee prices
So that the stink of poorness can not be smelled
And we can without conscience objections
Let the coffee prices as low as possible

But the money-grubbing of many of us stinks harder
Out of their big mouth, how they can talk
Those politicians, when not speaking of the good ones?
It is a pity that those blacks become more self-confident
They accuse us of the fact that we exploit them
Half soft inhabitants of Reason land with pity
* Mon Dieu, a pitié de moi et cette Pauvre Peuples *

Freude

Die sussen zich zelf door meer te betalen
Voor producten van Max Havelaar

Is het geestelijk gezond je te buiten te gaan
Aan zoveel mogelijk luxe goederen?
Ook ik heb deze luxe apparatuur gekocht
Om mijn frustraties van me af te schrijven
Ook op dit gebied, ik kan het niet in mijn *eendje*
En ook deed ik hetzelfde als veel anderen
Toen ik nog in het arbeidsproces zat
Toen had ook ik een *lelijke eend kar*
Hoewel ik hem niet echt nodig had

Terwijl toch problemen met lange wachttijden
Bij het openbaar vervoer op te lossen zijn
Als meer mensen er gebruik van zouden maken
In de Randstad is het probleem op te lossen
Met openbaar vervoer, geen auto in de stad

Auto's blokkeren ook vaak de tramrails
Dan kun je een eeuwigheid wachten op de tram
Of praat ik hier nu al weer een beetje egoïstisch?
Openbaar vervoer moet ook gratis zijn
Evenals alle andere eerste levensbehoeften
Zoals eten, drinken en een kamer om te slapen
Maar dit loopt stuk op het Bijbelse:
In het zweet van uw gezicht zult gij uw brood eten

Het is voor mij een grote vraag
Of ik met woorden mensen kan overtuigen
Vanwege de natuurkundige wet 'actie is reactie'
Ook mijn gedachten gehoorzamen deze wet
In de zin dat ik handel zoals ik handel
Het is een logisch gevolg van wat ik meemaakte
Van wat ik eerder dacht en deed ook
Sturing van gedachten is ook afhankelijk van toeval
Ik geloof niet zo sterk in een eigen wil

They pacify them selves to pay more
For products of Max Havelaar

Is it ghostly healthy to move outside yourself
With as much luxury as possible?
I too did buy this expensive apparatus
To write my frustrations away from me
Also on this domain, I can't handle it in my *own ugly duck*
And I too did the same as many others
When I was still in the labouring process
Then I too had a an *ugly duck car*
Although I didn't really need it

While though the problems with long waiting times
With the public transportation can be solved
When more people would make use of it
In the rim-shaped agglomeration the problem can be solved
With public transportation, no car in the city

Cars often block the tram rails too
Then you can wait an eternity for the tram
Or am I talking a little bit egoistic now yet again?
Public transportation has to be for free too
Like all other first life needs
Like food, drink and a room to sleep in
But this crashes on the Biblical:
In the sweat of thy brow thou shall eat thy bread

It is some big question to me
If I can convince people with my words
Because of the natural law 'action is reaction'
Also my thoughts obey to this law
In the sense that I act like I act
It is a logical consequence of what happened to me
Of what I thought and did before too
Steering of thoughts depends of chance too
I don't believe that stark in an own will

Freude

Ook deze namelijk is bij toeval ontstaan
Ik geloof dat als je de verkeerde weg volgt
Je die blijft volgen, Bijbel: God verhardde Farao's hart
Vandaar dat gevangenisstraf gewoonlijk niets oplost
Zou het dan wel met de zachte kracht der Liefde gaan?

Veel mensen blijven op Macht belust
Werkelijk communisme zou hetzelfde moeten zijn
Als 'Christenen' beweren voor ogen te hebben:
Een maatschappij gebaseerd op naastenliefde
Waar een ieder naar behoefte verbruikt
En werkt naar vermogen, werkelijke behoefte
En niet een onnatuurlijke, opgeschroefde behoefte
Omdat hij of zij er zo hard voor moet werken?
Nou ja, dat doe je dan toch ook je zelf aan
Wil je dan per se een slaaf zijn van de Mammon?

Idealen zouden meer gewaardeerd moeten worden
En hiermee bedoel ik niet in de vorm van geld
Zeker, ik weet dat de meeste niet binnen korte tijd
Te verwezenlijken zijn, zo dom ben ik niet

Het duurde geruime tijd
Voordat de *Linker* zijn *Rechten* studie voltooide
Waarmee hij zich Rechter zou kunnen noemen
Dat was omdat hij in zijn vrije tijd studeerde
En deze had hij voor meerdere zaken nodig
Maar uiteindelijk dan kon hij ruilen
Met een Rechter die *Links* gestudeerd had

''Ik ben Rechter'' zei de *Linker*
''Ik ben wel *Linker*'' zei de Rechter
Wat links was lijkt wel rechts te worden
Wat rechts is links, alles verandert steeds
Kapitalisme of Staatskapitalisme, één pot nat
Goed dat Rusland zich niet communistisch noemde
Want ook dat zou een vloek geweest zijn

Also this namely has been created by chance
I believe that when once you follow a wrong way
You stay following this, Bible: God hardened Pharaoh's heart
That's why imprisoning usually doesn't solve anything
Would it be possible then with the soft force of Love?

Many people stay eager for Might
True communism should have to be the same
As 'Christians' claim to look out for
A society based on neighbour love
Where everyone consumes what he or she needs
And works as is his ability, true needs
And not an unnatural up screwed need
Because he or she must work that hard for it?
Now then, that trouble you cause to yourself too though
Do you really want to be a slave of the Mammon?

Ideals should have to be more appreciated
And with this I don't mean in the shape of money
Sure, I know that most of them can't be
Realized in short time, I am not that stupid

It lasted a long time
Before the *Linker* completed his *Righter* study
With which he could call himself a *Righter* (Judge)
That was because he studied in his free time
And this he needed for more things
But at last then he could exchange
With a Righter who had studied *Left*

''I am a Righter'' said the *Linker*
''I am just *Linker*'' said the Righter
What was left seems just to become right
What is right seems to become left, all things change
Capitalism or State Capitalism, the same peace of cake
It is good that Russia didn't call herself communistic
Because also that would have been some curse

Freude

Het had ook niets met socialisme te maken
Hiertoe moeten mensen gezamenlijk besluiten
Een geweldloze massastrijd
Deze strijd is nu, was en zal aan de gang blijven
En zal het Kapitalisme ten slotte laten vallen
Als een ieder inziet dat het zo niet verder kan?

IV

Jan bracht een leeg briefje naar het postkantoor
Hij gaf de brief aan de beambte en zei:
''Dit is een Tijdbom''
''Zo, dan zal ik de politie maar bellen'' zei hij
''Ja'' zeiden *Wij*, ''dat vind ik wel een beetje grappig''

De politie nam Jan mee naar het bureau
En sloot hem een poosje op in een cel
Hij verscheurde het briefje en zei:
''De Tijdbom wordt *voorlopend* buiten werking gesteld
Ik ben Je Zus Christus
Alle oorlogen moeten afgelopen zijn want anders…''
* Zijn alle oorlogen niet afgelopen
Met dank aan Marten Toonder (De Achtgever) *

Een poosje vroeger werd hij gek
En werd naar het gekkenhuis vervoerd
Daar waren ze allemaal knettergek behalve Jan
''Ik ben psycheanalyticus'' zei *mijn Zelf*
''Ik ben gewoon hier om jullie te helpen
Als je nog dieper in de put raakt kom je er uit''

Ze werden boos op *Ons* maar Jan ging door
Op hen in te praten totdat de verpleging dreigde
Hem in een isoleercel op te sluiten

Mijn hond was overreden drie jaar eerder
Maar ik wandelde toch weer met hem

And it didn't have anything to do with socialism too
People will have to decide to that together
A violent less mass struggle
This struggle is now, was and will continue
And will let fall Capitalism at last by that
When everyone sees that we can't go on in this way?

IV

John brought an empty note to the post office
He gave the letter to the employee and said:
''This is a Time Bomb''
''So, then I will but call the police now'' he said
''Yes'' *We* said, ''I think this is just a little bit funny''

The police took John to the police station
And locked him up in a cell for a while
He tore up the paper and said:
''The Time bomb is destroyed for just *Now*
I am Your Sister Christ
All wars do have to be over because otherwise…''
* All wars are not over
With thanks to Marten Toonder (De Achtgever) *

Sometime earlier he went crazy
And was transported to the mad house
There all of them were totally crazy except for John
''I am a psycho annalist'' *my Self* said
''I am just here to help you
If you get still deeper in trouble you may get out''

They became angry with *Us* but John went through
Talking to them in this way until the nursery threatened
To lock him up into an isolating cell

My dog had been overridden three years before
But I walked with him again though

Freude

Ik hield stil voor een winkel
Op de ruit stond: J.C. Blik, slager
Ik zal wat vlees kopen voor de hond, dacht ik
Ik beduidde hem buiten te blijven
De slager overhandigde me drie grijze gehakt ballen

Waar was de winkel, ik bevond me op de Kermis
Ik stond voor een ballengooi tent
Ik gooide naar de blikken, alle blikken vielen
''U krijgt deze prijs'' zei de kermisklant
Ik kreeg een halsband en ik gooide weer…
De 'blikken' vielen voor de tweede keer
''Deze riem hoort erbij'' zei slager Blik
''U mag nog eenmaal gooien''
Een blik bleef nu overeind staan
''U krijgt een troostprijs'' zei de blik slager
Hij tilde een hond op, mijn eigen hond

Ik besloot de herrezen hond te laten zien aan mijn zus
Spoedig was ik bij haar, ik nam een 'binnenweg'
Toen ik bij de boerderij van mijn zus aankwam
Stond de koffie al op tafel
Onze begroeting was onstuimig
Want we hadden elkaar al heel lang niet gezien
Haar kinderen speelden op de grond
Terwijl ik de toestand met haar besprak:

Het was eigenlijk een beetje ongelooflijk
Haar man Harig M. was verdwenen
Meegenomen door buitenaardse wezens
Toen de eerste berichten over de UFO's
En vreemde verdwijningen in the pers verschenen
Had ik de krantenberichten maar half geloofd
En ook nu, de verdwijning van mijn zwager
Wat was waar van wat mijn zus vertelde?
Maar ze bleef aanhouden, totdat ik haar geloofde
Eens temeer raakte ik ervan overtuigd

I halted before a shop
On the window was written: J.C. Eye, butcher
I shall buy some meat for the dog, I thought
I told him to stay outside
The butcher gave me three grey balls of minced meat

Where was the shop, I was at the Fancy Fair
I stood in front of a ball throw tent
I threw at the tins, all tins fell
''You will get this prize'' the fancy fair man said
I got a collar and I threw again...
The tins fell for the second time
''This strap is a part of it'' said butcher Eye
''You are allowed to throw still one time more''
One tin stayed standing up now
''You get a consolation prize'' the eye butcher said
He heaved a dog, my own dog

I decided to show the arisen dog to my sister
Soon I was with her, I took an 'inside road'
When I arrived at the farm of my sister
The coffee was already on the table
Our greeting was turbulent
Because we did not see each other for a long time
Her children were playing on the floor
While I spoke about the situation with her:

It was properly a little bit unbelievable
Her man Hairy M. had disappeared
Taken along with by aliens
When the first reports about the UFO's
And strange disappearances came from the press
I had believed the paper reports but half
And also now, the disappearance of my brother in law
What of it was true of what my sister told me?
But she stayed pressing, until I believed her
Once again I got convinced

Freude

Dat er meer is tussen hemel en aarde

De vreemde ruimtevaarders hadden lange tijd
Met mijn zwager en zus gesproken
''Ze hadden vier armen, geen twee zoals wij
Hun gezichten waren vreemd maar heel vriendelijk''
Mijn zuster *remraket (vertaalgrapje)*
We hadden hoop dat Harig zou terugkeren
Dat was bij eerdere verdwijningen gebeurd

Ik vroeg me af natuurlijk
Waarom ze schrijvers en dichters meenamen
Mijn zus zei dat de wezens wilden praten
Over de symbolische betekenissen van fantasieën
Geen contact kon worden gelegd via de radio
Met de wezens, waardoor men argwanend werd
Men had diverse malen getracht
De vreemde voertuigen aan te vallen
Maar dit had geen enkel resultaat gehad
Ze leken wel onkwetsbaar te zijn
Voor welk aards wapensysteem dan ook

Schrijvers en dichters die terugkeerden
Trachtten aardse machthebbers te overtuigen
Van de vredelievende bedoeling van de wezens
Maar een maatschappij die al heel lang dacht
De enige te zijn in de enorme ruimte
En zelf heel agressief ingesteld is
Is niet makkelijk te overtuigen van pure vredelievendheid
Ook, de uitspraak: ''Aan elk leed zal een einde komen''
Is nogal dubbelzinnig en dus verkeerd te begrijpen

Heel wat mensen waren ervan overtuigd
Dat de wereldvernietiging ophanden was
Ze troffen allerlei maatregelen hem te overleven
Ook op maatschappelijk en geestelijk gebied gebeurde veel
In de Katholieke Kerk stond celibaat ter discussie

Thomas de Haan

That there is more between heaven and earth

The strange astronauts had spoken a long time
With my brother in law and sister
''They had four arms, not two like we
Their faces were strange but very friendly''
My sister *remarked (Dutch: translation joke)*
We had hope that Hairy would return
That had happened with earlier disappearances

I was in wonder naturally
Why they took writers and poets with them
My sister said that the aliens wanted to talk
About he symbolic meanings of fantasies
No contact could be made by radio
With the aliens, by what people became suspicious
Several times people had tried
To attack the strange vehicles
But this had not had the least of success
They seemed to be invulnerable
For whatever earthly weapon though

Writers and poets who returned
Tried to persuade earthly men in power
Of the peaceful purposes of the aliens
But a society of people who thought a long time yet
To be the only ones in the enormous space
And is very aggressive in itself too
Isn't easily to be persuaded of pure peacefulness
Also, the statement: ''All suffering will come to an end''
Is rather ambiguous and thus can be understood wrong

A lot of people were convinced
That the world destruction was at hand
They took several measures to survive it
Also on social and ghostly area a lot happened
In the Catholic Church celebratory was discussed

Freude

Maar het werd vooralsnog niet opgeheven
De macht van conservatieven was nog te sterk
Katholieke priesters mochten nog steeds niet trouwen
Toch was toenadering merkbaar tussen de kerken
De gebeurtenissen hadden als positief resultaat
Dat wat meer geestelijke eenheid zichtbaar werd
Maar toch werd er een scheuring zichtbaar tussen hen
Die de komst van de ruimtevaarders positief beschouwden
En zij die het louter negatief vonden
Hierover bleven de meningen uiterst verdeeld

Natuurlijk waren er ook heel velen
Die zeiden dat het van geen belang was
Dat de wereld hoe dan ook wel zou blijven draaien
En dat er hoe dan ook niets aan de mensheid verloren was
Wat er ook zou gebeuren en dat het wel over zou gaan

Ik was terug op het kantoor waar ik vroeger werkte
Ik was vreselijk verliefd op Ineke
Maar durfde het haar niet te zeggen
Ze droeg een jurk met een rits aan de voorkant
Die een heel stuk open stond
Stiekem keek ik in haar decolleté
Ze deed terloops de rits een heel stuk verder open
En vroeg bits: ''Waar kijk je naar?''
Ik stal en sigaret op om mijn zenuwen te kalmeren

Ik lag ineens weer in *bed* in het huis van mijn zus
Het laken was van haar borsten gegleden
Ik maakte van de gelegenheid gebruik
Liep naar haar bed en streelde haar tepels

''Wat doe je nu Jan?'' vroeg ze plotseling
Ik antwoordde niet en ging naar de *bad* kamer
Ik spoelde mijn neusgaten waaruit rook kwam
* Om van mijn rookverslaving af te komen
Was dat de betekenis van deze droom? *

141

Thomas de Haan

But it was not yet abolished
The might of the conservatives was too strong still
Catholic priests still weren't allowed to marry yet
Though approaching was remarked between churches
The happenings had as a positive result
That some more ghostly oneness could be remarked
But though there was a schism between them
Who contemplated the coming of the astronauts positive
And they who thought it pure negative
About this the opinions stayed utterly separated

Of course there were also a lot of people
Who said it was not at all important
That the world would stay turning, what ever
And that there was nothing lost with humanity even so
Whatever would happen and that it would end though

I was back at the office where I worked years before
I was terribly in Love with Inane
But didn't dare to say it to her
She wore a dress with a zipper at the front
That was opened for quite a long part
Secretly I stared at her décolleté
She opened incidentally the zipper lower quite a bit
And asked sharply: ''Where are you looking at?''
I lighted a cigarette to calm my nerves

I was in *bad* again in the house of my sister
The sheet had come of her breasts
I took advantage of the opportunity
Walked to her bed and caressed her nipples

''What are you doing now, John?'' she asked suddenly
I didn't answer and went to the *bed* room
I washed my nose holes out of which smoke came
* To get finished with my smoke addiction
Was that the meaning of this dream? *

Freude

Toen ik in de slaapkamer terug kwam
Trof ik die lange slungel van kantoor
''Vraag het maar'' moedigde hij me aan
''Ik wil met je naar *bad* Ineke''zei ik
Mijn zus heet geen Ineke natuurlijk

Ik lag in *bed* samen met mijn Vader
Hij streelde mijn kunt en bedreef Liefde met me
''We doen het zonder bescherming'' zei hij
Ik schrok wakker want dat mag zeker niet

V

Het vertrouwde dorp was plotseling verdwenen
Jan bevond zich in een vreemde stad
Vergeleken daarmee was Morreldijk een gat
Kranen die schijnbaar door niemand bediend werden
Hezen goederen in en uit schepen
Als er weer wat werd gegrepen
Had iemand weer veel geld verdiend

'*Kunt*' stond op een muur of zoiets uit de natuur
En 'Duck the Arm' *ergens* anders ook
Dit werd niet door Jan 'begrepen'
Hoewel hij wel ergens lont rook
Zoiets had hij al eens gehoord
Moest het leger worden vermoord of iets dergelijks?

Uit een huis kwam een vrouw in erg sexy kleding
Ze lachte uitnodigend naar hem
En ze draaide haar huwelijksring om

Jan liep langzaam op haar toe
En vroeg met omfloerste stem:
''Waar gaat er hier een tram?
Ik heb gehoord van een dergelijk ding
Ik weet niet hoe ik thuis moet komen''

When I came back in the *bad* room
I met that tall hobbledehoy of the office
''But ask it'' he encouraged me
''I do want to go to *bad* with you, Inane'' I said
My sister of course isn't called Inane

I was in *bad* together with my Father
He caressed my cut and made love with me
''We will do it without any protection'' he said
Frightened up I awoke because that is not allowed for sure

V

The trustworthy village had disappeared suddenly
John was in some foreign city
Compared with that Moral dike was a hole of a place
Cranes that were served apparently by nobody
Heaved goods in and out of ships
When again something was captured
Somebody had earned a lot of money again

'*Cut*' stood on a wall or something out of nature
And 'Verdeuk het Leger' *egress* else too
This wasn't 'understood' by John
However he smelled smoke somewhere
Something like that he had heard before
Did the army have to be killed or something alike?

Out of a house a woman came in very sexy clothing
She laughed at him inviting
And she turned her wedding ring around

John slowly approached her
And asked with veiled voice:
''Where near here goes a tram?
I have heard about a thing like that
I don't know how to find my way home''

Freude

''Het geeft niet'' zei ze, ''ik wijs je wel je weg
Jij kent hier kennelijk heg noch steg
Om echt thuis te geraken
Moet je nog over hoge heuvels en door diepe dalen
Waar zul je dan je 'gram' * drugs? * halen?

Kom nu maar met me mee naar binnen toe
Dan zal ik je seksueel verwennen
Daar ben ik erg bedreven in
Je bent daarvoor toch niet te *braaf*?
Ik zie het al: je hebt een bobbel in je broek
Maar neem eerst een bad om te ontspannen
Ik kom er zo meteen ook in
Het komt wel in kruiken en kanonnen''

Jan zijn geile lusten werden opgewekt
Hij ging voor de eerste keer met een vrouw naar bed
In elk anders armen vielen ze in slaap
Hij dacht nog: dat doe ik straks heel vaak
Heel wat fijner dan masturberen

De volgende morgen stond Jan vroeg op
Hij had een natte droom gehad?
En nu stond de vakantie voor de deur
Even uit de dagelijkse sleur

Er werd gebeld, zou het de vakantie zijn?
Jawel hoor, het was Willeke van Voren
Gezeten op een gigantische 'droom me daar 's'
Hij klom bij haar achterop
Zo, daar gingen ze met zijn drieën

Bruisende beekjes kruisten onze weg
Af en toe met een galant gebaar
Hielp Jan Willeke hen over te steken
Steeds hoger leidde hun weg
Totdat vrijwel alle begroeiing was verdwenen

145

''It doesn't matter'' she said, ''I will show you your way
You apparently don't know your way at all
To get really near your home
You have to go over high hills and deep valleys
Where shall you get your 'gram' * drugs? * then?

Do but come inside with me now
Then I will spoil you sexually
I am very experienced in that
You aren't to *brave* for that though?
I am seeing it: you have a bubble in your trousers
But firstly take a bath too relax
I too am coming in it in a minute
It just will turn out right''

John's horny lusts were stirred up
He would make love with a woman for the first time
In each others arms they fell asleep
He thought still: I will do that very often later
Very much better than masturbating

The next morning John arose early
He had had a wet dream?
And now the holidays stood in front of the door
For some time out of the daily routine

The bell rang, would it be the holidays?
Yes indeed, it was little Willy in Front
Seated on an gigantic 'dream me there 's' (dromedary)
He climbed up her on her behind
So, there they went, they three

Roaring little brooks crossed our path
Off and on with a gallant gesture
John helped little Willy to cross them
Higher and higher their way led
Until all vegetation had disappeared

Freude

We staken sneeuwvelden over
Op een ervan verloor Jan zijn evenwicht
En viel in de sneeuw met zijn gezicht
Hij gleed omlaag tientallen voeten
Totdat deze een rotsblok ontmoetten
Mijn fototoestel, is het niet stuk?
Maar het was heel tot ons geluk

Veilig kwamen ze op de top
En plantten de vlag van Reden Land
De weg omlaag was moeilijk en niet zonder gevaar
Maar we kwamen veilig beneden aan

Daar was een oerwoud met dichte ondergroei
Urenlang kapten we ons een weg er doorheen
Uiteindelijk kwamen we bij een open plek
We bevrijden ons van onze rugzak
En zetten ons op een boomstam neer
Ze kusten elkaar en kleedden elkaar uit
Ze deden het beiden voor het eerst

''Zul je voorzichtig zijn?'' vroeg zij
''Niet in me spuiten, alsjeblieft''
Maar toen het zover was deed Jan het toch
''Ik krijg straks nog een kind van je'' zei zij
''Wie het krijgt mag het houden'' zei Jan

Willeke ging even in het bos
Voor het maken van een vennetje of zoiets
''Wie wil er vechten met de Beer?''
Hoorde Jan een heel zware stem
Verschrikt draaide Jan zich om
En zag een grote Berin met twee jongen
De enorme Berin omarmde Jan
Hij verwondde zijn vingers aan haar tanden
Toen hij haar wilde beletten te bijten
Met de Ketenen der Tijd werd hij geboeid

Thomas de Haan

We crossed snow fields
On one of those John lost his balance
And fell into the snow with his face
He sled down tenfold of feet
Until these met a boulder
My camera, is it not broken?
But it was whole for our good luck

Safely they reached the top
And planted the flag of Reason Land
The way down was difficult and not without danger
But we arrived down safe

There was a virgin forest with thick undergrowth
For hours we chopped ourselves a way through
At last we reached an open space
We freed ourselves of our back pack
And lowered down on a trunk
They kissed and undressed each other
They both did it for the thirst time

''Will you be careful?'' she asked
''Don't spray inside of me, please''
But when it was that far John did it though
''I will presently still get a child of you'' she said
''The one who gets it may keep it'' John said

Little Willy went into the wood
To make a little lake or a thing like that
''Who wants to fight with the Bear?''
John heard a very heavy bass voice
Frightened up John turned around
And saw a big female Bear with two youngsters
The enormous female Bear embraced John
He wounded his fingers at her teeth
When he wanted to hinder her to bite him
With the Chains of Time he was enchained

Freude

Kleine Willeke kwam naakt uit het bos
Ze danste samen met de Berin en haar jongen
Gezamenlijk zongen we:

''Er zijn veel mannen die de vrouwen
Als hun bezit beschouwen
Ze bekommeren zich niet om ons lot
Belangrijk is slechts hun eigen genot

Kom, laat ons vrouwen samen dansen
Dat vermindert vast hun kansen
Hun lusten op ons bot te vieren
Waarom ook zouden we ons laten bestieren?

Eenmaal, eenmaal komt de tijd
Dat wij vrouwen zijn bevrijd
Van hun vleselijke lusten
Het leger van het Heil is een leger van vrouwen
Eerst krijgt ze een kind en dan mag ze het houwen''

De zon scheen hoog boven het dorre landschap
Jan hield stil bij een beekje
Waarin een geilbruine vloeistof stroomde
Hij dronk eruit, wel liters naar het scheen
Het was heerlijk appelsap
''Je hebt een Toren opgericht voor Mijn Aangezicht''
Klonk een Stem van Boven uit de wolken
* De Toren van Babbeltjes of zo iets *

VI

Ik wandelde wat door het park
Met mijn al sinds lang *overreden* hond
''Een mooie hond'' sprak een man me aan
''Vind je?'' vroeg ik trots, ook ik vind mijn hond mooi
''Wat is het voor een ras?'' vroeg hij
''Het is gewoon maar een bastaard hoor'' zei ik

Thomas de Haan

Little Willy came naked out of the wood
She danced together with the Bear and her youngsters
Jointly we sang:

''There are a lot of men who the women
Consider as their property
They don't bother about our fate
Important only is just their own pleasure

Come on, let us women dance together
That surely will lessen their chances
To abuse us with their lusts
Why though should we let steer us?

Once, once the time is coming
That we women will be freed
From their carnal lusts
The Salvation Army is an army of women
At first she gets a child and then she may keep it''

The sun shone high above the arid landscape
John halted at a little brook
In which a horny brown liquid flowed
He drank out of it, gallons like it seemed
It was delicious apple juice
''You have erected a Tower in front of My Face''
A Voice chanted from Above out of the clouds
* The Tower of Babbles or a thing like that *

VI

I walked a little bit through the park
With my since long *overridden* dog
''A beautiful dog'' a man spoke to me
''Do you think so?'' I asked, I too think my dog is beautiful
''What kind of breed is it?'' he asked
''It just is but some kind of bastard'' I said

Freude

''Hoe heet hij en wat is jouw naam?'' vroeg hij
''Hij heet Teddy maar soms noem ik hem Beertje
Ik ben Eva, de dochter van de schrijver''

''Oh, dan heb ik een gedicht voor je gemaakt
Ik ben Adam *Ramshoorn*, de dichter
Wil je het horen, het is nogal vrijpostig''
''Laten we dan maar op een bankje gaan zitten
Dat praat toch wat gemakkelijker'' zei ik
Hij las het gedicht hardop voor:

''I don't know what I shall write
I see the river flow
Sometimes fast, sometimes slow
The moon shines in the night

My dearest girl-friend
Let me caress your breasts
My heart booms in my chest
And my little Will is pulsating
Also my heart is growing in Love for you
The sunlight will make it clear
You're my sweetest and only dear

Moet ik het voor je vertalen?''
''Nee, dat is niet nodig, kus me''
We kusten elkaar en hij streelde mijn borsten
Hij wilde mijn topje van mijn borsten schuiven
''Niet hier'' zei ik, ''en niet nu
Weet je, ik heb ook een gedicht geschreven
Eigenlijk een soort van toneelstukje
In dichtvorm en ook een beetje erotisch
Lijkt het je leuk het met mij te spelen''
''Natuurlijk vind ik het leuk met jou te spelen
Doen we het bij mij of jou thuis?''
''Maar dan toch niet meteen'' zei ik
''Laten we elkaar eerst beter leren kennen

Thomas de Haan

''What is he called and what is your name?'' he asked
''His name is Teddy but sometimes I call him little Bear
I am Eve, the daughter of the writer''

''Oh, then I have made a poem for you
I am Adam *Ram- horny*, the poet
Do you want to hear it, it is just very bold''
''Then let us but sit down then on that bench
That talks a little bit easier though'' I said
He read the poem aloud:

''Ik weet niet wat ik zal schrijven
Ik zie de rivier stromen
Soms snel, soms langzaam
De maan schijnt in de nacht

Mijn liefste vriendin
Laat me je borsten strelen
Mijn hart bonkt in mijn borst
En mijn Willeke klopt
Ook mijn hart groeit in Liefde voor jou
Het zonlicht zal het duidelijk maken
Je bent mijn zoetste en enige liefste

Do I have to translate it for you?''
''No, that is not necessary, kiss me''
We kissed each other and he caressed my breasts
He wanted to pull away my top from them
''Not here'' I said, ''and not now
You know, I wrote some poem too
Actually a kind of theatrical performance
In poem form and a little bit erotic too
Does it seem nice to you to play it with me''
''Of course I think it pretty to play with you
Will we do it at my or your house?''
''But not right now though'' I said
''Let us firstly learn to know each other better

Freude

Je bent anders dan de meeste mannen
Zachter en kwetsbaarder en ik ben gehaaid''
''Ik denk dat het wel meevalt'' zei hij
''Maar je hebt natuurlijk gelijk
We moeten niet te hard van stapel lopen''

Op tafel brandde een eenzame kaars
Nog overgebleven van Kerstmis
Tegenover me zat mijn nieuwste vlam
Ze vertelde me over haar jeugd
Dat ze heel arm waren thuis
Dat ze al heel vroeg haar diensten moest verkopen
Om het karige huishoudbudget op te vijzelen

Zij zelf had het niet zo een probleem gevonden
Haar lichaam ter beschikking te stellen van hen
Die er heel veel voor wilden betalen
Haar ouders vonden het geen goed idee
Maar konden het geld goed gebruiken
Om ook de andere kinderen te verzorgen

''Ik wil verder wel voor je zorgen'' zei ik
''Dan hoef je dat soort dingen niet meer te doen
Vind je het goed dat we straks toneelstukje spelen?
Om daarna in elkaars armen in slaap te vallen
Weet je, voor mij is het eigenlijk de eerste keer''
Ze vond het vertederend, een man van 34 jaar
Ze geloofde het eigenlijk niet echt?

Het was donker, de kaars was het enige licht
We zetten de vaat op de gootsteen en spoelden hem af
We trokken de kleding aan die het stuk vereiste:
Er werd gebeld en ik legde mijn boek neer
Voor de deur stond Eva in gerafelde kleding
Daarom was een van haar borsten bijna bloot

''Mag ik binnen komen?''

Thomas de Haan

You are different from most men
Softer and more vulnerable and I am a bitch''
''I think that it turns out better than expected'' he said
''But of course you are right
We just don't have to hurry''

On the table a solitary candle burned
Still remained from Christmas
In front of me my newest love was
She told me about her youth
That they were very poor at her home
That she had to sell her body already at a very young age
To force up the scanty housekeeping money

She for herself hadn't thought it such a big problem
To give her body in the possession to them
Who wanted to pay a lot for it
Her parents didn't think it was a good idea
But could use the money in spite of that
To take care of the other children too

''I want to take care for you from now on'' I said
''Then you don't have to do things like that any more
Do you think it is a good idea to play your drama presently?
To sleep away later in each others arms
You know, for me it properly is the first time''
She thought it was mollifying, a man of 34 years
She actually didn't believe it?

It was dark, the candle was the only light
We put the dishes on the sink and washed it
We dressed in the clothes necessary for the performance:
The bell rang and I laid down my book
In front of the door was Eve in ragged clothes
That's why one of her breasts showed almost totally

''Am I allowed to come in?

Freude

Ze hebben iets tegen me ondernomen
Ik heb me losgerukt, het is hen niet gelukt"
"Zal ik de politie voor je bellen
Misschien kunnen ze dan achter de daders snellen"
"Doe dat maar liever niet
Ik wil niet dat een ander me zo ziet
Er is niets met me gebeurd
Mijn maagdelijkheid is niet verbeurd"

"Kom maar met me mee naar binnen
Ik zal wel iets voor je verzinnen
Je moet me je verhaal vertellen
Daarna dan zal ik je ouders bellen"

"Mijn ouders zijn er niet meer
Ze leefden lang geleden
Ik ben van hen weggegleden, verder in de tijd
En zag hen nimmer weer"

"Je hoeft me niets wijs te maken
Je kunt niet reizen in de tijd
Dat zijn onmogelijke zaken"

"Toch is het echt waar
Ik lieg echt niet, luister maar"
"Vertel maar, ik heb alle tijd"

"Ik was dertien en liep naar het meer
En trok daar uit al mijn kleren
Ik legde me in het groene gras terneer
En *ik zat toen met de gebakken peren*
Een man kwam op me af
Hij heeft me waar hij maar kon vastgegrepen
Hij kende beslist al wel alle knepen
Maar ik was weg voordat hij het me gaf

Ik kwam in de vijftiende eeuw

They have done something to me
I have torn myself loose, they didn't succeed''
''Shall I call the police for you
Maybe they can catch the wrongdoers then''
''I would rather that you didn't do that
I wouldn't like another one to see me like this
Nothing really happened with me
I haven't lost my virginity''

''Do but come inside with me
I will think out something for you
You have to tell me your story
After that I will call your parents''

''My parents aren't there any more
They lived in forgone ages
I slid away from them, further in time
And saw them nevermore again''

''You don't have to fantasize for me
You can't travel in time
That are things which are just impossible''

''It is really true however
I really don't tell a lie, just listen''
''Just tell me, I have enough time''

''I was thirteen and walked to the lake
And totally undressed myself
I laid myself down in the green grass
And then *I was totally in problems*
A man approached near to me
He grabbed me wherever he could
He knew how to take advantage of the situation
But I was away before it really happened

I came in the fifteenth century

Freude

En bevond me midden in de sneeuw
Ik ben naar een klooster toegegaan
Daar kreeg ik heel veel kleding aan
Het ging over mijn borsten en lichaam heen
Ik *klaagde hierbij steen en been*

Ik bleef er een tiental jaren
En heb wat kennis kunnen vergaren
Er kwam echter een einde aan
Ik was naakt voor een nonnetje gaan staan
Ik *probeerde haar in te palmen*
Maar zij dacht slechts aan haar psalmen

Ik ben naar de brandstapel gebracht
Ze hebben echt getracht me levend te verbranden
Ik was een heks naar hun verstanden
Toen het vuur likte aan mijn been
Ging ik toch maar liever heen

Ik kwam toen in een land
Daar maakten ze iedereen van kant
Die iets op de Leider aan te merken had
Na een jaar kwam ik in het gevang
En oh, oh, wat werd ik bang
Dat mijn hoofd zou worden afgehakt
Ze kwamen bij me met een mes
En sneden mijn kleding stuk
Maar ik had weer geluk
En trok hieruit een les
Daarom ben ik hier gekomen
Om even bij jou weg te dromen''

''Je bent echt een enorme fantast
Maar je *krijgt mij daarmee niet op de kast*
Ik heb een heel groot bed
Het blijft vast en zeker niet in het net
Ik zal je vrouwelijkheid bekronen''

Thomas de Haan

And was in the middle of the snow
I went to a monastery
There I was dressed in a lot of clothes
My breasts and whole body were covered up
I *complained stone and bone for that*

I stayed a tenfold of years there
And could gather some knowledge
An end did come to that however
I placed myself naked before a nun
I *tried to get round her*
But she just only thought of her psalms

I was transported to the pyre
They really tried to burn me alive
I was a witch or they thought so
When the flames licked at my leg
I rather then went away though

I came in a country side then
In which they killed everybody
Who had to find a fault to find in the Leader
After a year I begot imprisoned
And oh, oh, how frightened I was
That my head would be chopped off
They came at me with a knife
And cut my clothes to pieces
But I was lucky again
And took a lesson out of this
That's why I have come here
To dream a little bit away with you''

''You really are an enormous fantast
But you don't *get me on the cabinet with that*
I have an enormous bed
It surely won't stay decent
I will put a crown on your feminity''

Freude

''Ik geef me graag aan jou
Want jij blijft me wel trouw
Je ogen liegen werkelijk niet
Bij jou heb ik geen verdriet
Je mag me maken tot een vrouw''

''Ga je met me mee naar bed?
Er is toch niets op het Net
Ik wil je wat vreugde schenken
En zal je echt niet krenken''

''Trek maar uit mijn kleren
Ik zal me niet verweren
Bedrijf de Liefde met mij
Bevrucht me met je Zaad
Ik geef je deze wijze raad:
Maak jezelf en mij heel blij
Dan kunnen we vredig slapen

Toe maar, raak me maar aan
Ook daar, mijn meest intieme plekje
Dat is vanaf nu ook jouw stekje
Als je wat moed weet bijeen te rapen
Je mag bij me naar binnen gaan
Neuk me, verwek een kind bij mij
Dat wil je graag toch, dus Vrij met mij
En laten we dan samen slapen''

''Je bent nog geiler dan ik al dacht
Neem jij maar eens de leiding
Ik wil van alles met je doen
Vertel maar wat je het fijnste vindt''

''Nee, ga jij je gang maar, ik vind alles goed
Laat je gerust helemaal gaan, niets vind ik te min
Ik zeg wel, als ik het niet lekker vind
Dus maak maar voort, maak mij een kind''

Thomas de Haan

''I give myself likely to you
Because you will stay true to me
Your eyes really don't lie
With you I will have no sorrows
You are allowed to change me into a woman''

''Do you want to go to bed with me
Nothing is on the Net though
I want to give you some pleasure
And won't hurt you in the least''

''Take but away my clothes from me
I really won't resist
Make Love with me
Fertilize me with your Seed
I give you this wise advice:
Make yourself and me very happy
Then we can sleep peacefully

Come on then, but touch me
Also there, my most intimate spot
That too is your place from now on
When you will gather some courage
You may come inside of me
Fuck me, create a child in me
That you do want though, so make Love with me
And let us sleep together then''

''You are still more horny than I thought already
Will you be my leader now?
I want to do with you a lot of things
Just tell me what you do like most''

''No, do what you like, I will allow everything
Just let go yourself totally, nothing I think to less
I will tell you, if I don't like it
Thus hurry up, make me a child''

Freude

VII

In de verte sloeg de klok twaalf uur
Verder was het doodstil
Door het luiden van de klok
Had ik de naderende leeuwin niet opgemerkt
Plotseling stond ze voor me, ik bibberde van angst

''Ben je bang Jan?'' vroeg ze
''Nee'' zei ik, ''ik ril alleen van de kou
''Daarom bibber ik een beetje''
''Dan is het goed'' zei ze
''Wees gewoonweg niet bang van me
Dan kun je de betovering verbreken''

''Welke betovering?'' vroeg ik, niet bang meer
Ze luisterde me iets in het oor, ik kleurde
Plotseling veranderde ze in een mooie vrouw

Te midden van een stel leeuwen
Maakte ik een tekening van een der welpen
De leeuwen keken bevreemd naar de tekening
Ze begrepen niet dat het de welp was
Uiteindelijk werden ze erg boos op me
Ik snelde gehaast voor hen weg

Mijn achtervolgers liepen op me in
Mijn kleding was gescheurd
Ik had een enorm gat in mijn broek
Wat was de poort van de stad ver weg
Zou ik er wel op tijd zijn?
Bijna hadden ze me ingehaald
Ik was maar enkele momenten eerder bij de poort
In geval van nood bellen, stond er, dit deed ik
De poort zwaaide onmiddellijk open

Aan het einde van de gang werd ik opgewacht

VII

In the distance the clock struck twelve
Further it was deathly silent
From the sounding of the clock
I didn't remark the nearing lioness
Suddenly she stood before me, I trembled with fear

''Are you afraid, John?'' she asked
''No, I said, ''I am just shivering from cold
''That's why I tremble a little bit''
''Then it is alright'' she said
''Just simply don't be afraid of me
Then you can break the spell''

''What spell'' I asked, no longer afraid
She listened something in my ear, I coloured
Suddenly she changed into a beautiful woman

In the midst of some lions
I made a drawing of one of the whelps
The lions looked wondering at the drawing
They didn't understand it was the whelp
Eventually they begot very angry with me
I hurried quickly away from them

My pursuers were nearing me
My clothing was terribly torn
I had an enormous hole in my trousers
How far away the gate of the town was
Would I be there in time?
Almost they had overtaken me
Only a few moments sooner I was at the gate
In case of need call, there stood, I did that
The gate swayed open immediately

At the end of the corridor I was awaited

Freude

Door een vrouw in een wit gewaad
Die maar weinig van haar welgeschapen lichaam verborg
''Ben je voor het feest gekomen?'' vroeg ze

Alle bekenden waren er
Mijn dochter zou een naam krijgen
''We zullen haar Eva noemen'' zei de wijze oude vrouw
''Ze is de eerstgeborene, haar sterrenbeeld is Leeuw
Dit heeft een bijzondere betekenis:
De Leeuw is de Koning der Dieren''

Ik liep over het water op weg naar *America*
Ik vond het helemaal niet vreemd
Op dat moment, dat ik op het water kon lopen
Ik had dit immers altijd gekund
Maar ik vergat af en toe dat ik het kon
Plotseling trok iemand me onder water
Maar ik bleef toch doorademen
''Onder water kun je niet ademhalen''
Zei een man, Nep Tunis?
''Je bent Satan'' zei ik
''Nee,'' zei hij, ''die ben ik niet''
''Dan ben je God'' zei ik hoopvol
''Ja'' zei Hij, ''ik ben Jezus Christus''

''Begrijp het toch'' zei een man,
En sloeg me met mijn hoofd tegen een muur
Plotseling vloog mijn pakje shag in brand
Het vagevuur verteerde me
Gelouterd kwam ik er uit te voorschijn
Het had maar weinig pijn gedaan

De God Neptune voerde me naar een poort
Waarboven stond: Tuin der Goddelijke lusten
Ik begreep: ik zal mijn maagdelijkheid verliezen
Hij vlijde me op een veelkleurig wiertapijt
En bedreef de Liefde met me

By a woman in a white dress
That just hid very little of her well created body
''Did you come for the feasting?'' she asked

All acquaintances were there
My daughter would be given a name
''We will call her Eve'' the wise old woman said
''She is your first born, her sign is Leo
This has a special meaning:
The Leo is the King of Animals''

I walked over the water on my way to *Amerika*
I didn't think it strange at all
At that moment, that I was able to walk on water
I was able to do this always already, wasn't I
But I just forgot sometimes I was able to
Suddenly somebody pulled me under water
But I stayed breathing though
''Under water you can't breathe''
A man said, Neptune?
''You are Satan'' I said
''No,'' he said, ''I am not him''
''Then you are God'' I said hopefully
''Yes'' He said, ''I am Jesus Christ''

''Understand it though'' a man said
And stroke my head against a wall
Suddenly my package of shag caught fire
The purgatory consumed me
Purified I was brought out of it
It had cost me but little pain

The God Neptune brought me to a gate
Above which stood: Garden of Divine lusts
I understood: I will loose my virginity
He laid me down on a multicoloured seaweed carpet
And made Love with me

Freude

Negen maanden later baarde ik een zoon
Ik was heel erg blij met hem
Hoewel het een zware bevalling geweest was

Tijdens mijn zwangerschap
Had Neptune me een kater cadeau gedaan
Deze kater kon mooi zingen
Als een vogeltje en ook wel met woorden
Ik vond het al helemaal niet vreemd meer
Dat ik de tong van dieren kon verstaan
Ze spraken een taal die ik kende
Al had ik deze taal niet op school geleerd

De kater was jaloers op de baby
En probeerde hem zelfs eens te bijten
Daarom hield ik hem ver van mijn zoon verwijderd
Maar op een keer vergat ik zijn kamer dicht te doen
Ik vond mijn zoontje badend in bloed
De kater had zijn halsslagader doorgebeten
Toen Neptune ervan vernam werd hij woedend
Hij gaf mij de schuld van het gebeurde
Met zijn drietand stormde hij op me af
Ik vluchtte weg naar ergens anders op aarde

Om de vrouw te ontlopen die me achtervolgde
Ging ik het Centraal Station binnen
En begaf me in het gewoel van de mensenmassa
Maar ze bleef me volgen en liep op me toe
Ze toonde me de Schorpioen en zei:
''Deze is voor u, heer Waterman''

''Nee'' zei ik geschrokken
''Geef hem maar aan een ander''
''De Tekenen zijn toch overduidelijk'' zei ze
''U komt er niet zo gemakkelijk van af
Maar goed, ik voldoe aan uw verzoek''
Ze gooide de Schorpioen in de menigte

Nine months later I gave birth to a son
I was very pleased with him
Although it had been a difficult birth giving

During my pregnancy
Neptune had given me a tom-cat
This tom-cat could sing beautifully
Like a bird and with words too
I didn't think it strange at all any more
That I could understand the tongue of animals
They spoke a language that I knew
Although I didn't learn this language at school

The tom-cat was jealous with the baby
And even tried to bite him once
That's why I held him far apart from my son
But at some time I forgot to close his room
I found my son bathing in blood
The tom-cat had bitten his neck artery
When Neptune discovered it he got very angry
He blamed me for the happening
With his three-pronged fork he stormed at me
I fled away to somewhere else on earth

To avoid the woman who pursued me
I went into the Central Station
And ventured into the turmoil of the mass
But she stayed following me and walked up to me
She showed me the Scorpio and said:
''This is for you, mister Aquarius''

''No'' I said frightened
''Give it but to someone else''
''The Signs are clear enough'' she said
''You won't get of it that easy
But alright, I will cope to your request''
She threw the Scorpio into the mass

Freude

Een vrouw bukte. ''Nee'' schreeuwde ik
''Niet oprapen, hij heeft een giftige *angel*''
Maar ik was te laat, ze was al gestoken
Ik liep op haar toe om haar te helpen
Als ik haar leven wilde redden
Zou de zaak van de Schorpioen ook mijn zaak worden

Een deuntje speelde: Liefde is het Antwoord
Hierdoor begreep ik wat me te doen stond
Het gif van de Schorpioen was een vrijheidsgif
'Geestelijke' vrijheid die me ten deel zou vallen
Als ik maar in de Macht van de Liefde zou geloven

De plaats waar ik liep kwam me vaag bekend voor
Hier was ik eerder geweest
'Kunt' stond op een muur en 'Fuck the Army'
Wat dit laatste betekende 'begreep' ik nu
Uit een der huizen kwam een vrouw
De wind blies haar jurk strak om haar lichaam
Doorheen de stof ontwaarde ik haar tepels

''Waar ben ik'' vroeg ik, ''en hoe kom ik thuis?''
''Daar komt het Schip al'' zei ze
Een groot ruimteschip landde aan onze voeten
De sluis ging open, ik kon naar binnen
''Waar gaat de reis heen?'' vroeg de gezagvoerder
''Naar Moraal Dijk, in Reden Land'' zei ik
De gezagvoerder raadpleegde mijn computer
Snel en stil steeg het ruimteschip op

''Dat land ligt op een planeet
Die we al lang in de gaten houden'' zei hij
''Men staat op het punt grote ontdekkingen
Op het gebied van de ruimtevaart te doen
Maar het komt er waarschijnlijk niet van
Dat men de Sterren zal bereiken
Misschien vernietigen ze zelfs hun planeet

A woman bowed. ''No'' I shouted
''Don't touch it, it has a poisonous *angel* (sting)''
But I was too late, she had already been pricked
I walked towards her to help her
When I wanted to save her life
The case of the Scorpio would also be my case

A tune played: Love is the Answer
By that I knew what I had to do
The poison of the Scorpio was a freedom poison
Freedom of the 'Mind' which would happen to me
If I would but believe in the Might of Love

The place where I walked seemed known vague to me
Here I had been in earlier days
'Cut' was on a wall and 'Naai het Leger'
What this last meant I 'understood' now
Out of one of the houses a woman came
The wind blew her dress tight against her body
Through the fabric I perceived her nipples

''Where am I'' I asked, ''and how can I get home?''
''There is the Ship already'' she said
A big space ship landed at our feet
The lock-gate opened, I could go inside
''Where does the voyage lead to?'' the commander asked
''To Moral Dike, in Reason Land'' I said
The commander consulted my computer
Fast and still the space ship rose up

''That country is on a planet
Which we observe already for a long time'' he said
''People there will soon do great discoveries
On the domain of space travel
But it probably will not happen
That they will reach the Stars
Maybe they even will destroy their planet

Freude

Doormiddel van atoom en chemische wapens
De bevolking is er agressief genoeg voor''
Plotseling pakte hij een groot slagersmes
En sneed me in stukjes, ik was 'Willy Wortel'

Hij opende de sluis voor me, zodat ik ruimte had
Ik droomde van Wolfje en zijn vriendjes
Op aarde ontketende ik de derde wereldoorlog
De historie kon koud opnieuw beginnen
Het waren geen intelligente mensen die overleefden
In alles leek het wel een herhaling
Van wat zich al eerder had afgespeeld

De nacht was donker en mysterieus
Grillige wolken dreven aan de maan voorbij
In de verte liet een uil zijn roep horen
Het was een moeder van nachten
Want ofschoon vele nachten eraan vooraf gingen
Was ze ook bepalend voor die nachten
Niet alleen voor de nachten die na haar kwamen

Ik wachtte op God en verdween toen hij verscheen
Ik was op zoek naar waarheid en bang hem te ontdekken
Het is vijf voor twaalf en nog niet heb ik aansluiting
Ik weet niet op welke *slakken ik zout zal leggen*
Het is onmogelijk het op alle slakken te doen
Daarom neem ik maar wat willekeurige?
Misschien verzuim ik *de koe bij de hoorns te vatten*

Het is duister, geen licht dringt tot me door
Ik ben niet blind maar het is donker rondom me
Ik kan slechts de vormen aftasten
Van de mysterieuze zaken die me omringen
Soms tonen ze zich heel duidelijk aan me
In heldere beelden en felle kleuren
Maar vooral als ze nieuw zijn
Ontdek ik eerst hun huid en vormen

By means of atom and chemical weapons
The population is aggressive enough for that''
Suddenly he seized a big butcher's knife
And cut me to pieces, I was 'Willy Root'

He opened the lock-gate for me, so I had space
I dreamt about little Wolf and his friends
On the earth I activated the third world war
History could cold begin again
It were no intelligent people who survived
In everything it looked just like a repetition
Of what had happened before already

The night was dark and mysterious
Capricious clouds drove past the moon
In the distance an owl shouted his call
It was a mother of nights
Because although many nights went before her
She was also determining for those nights
Not only for the nights which came after her

I was waiting for God and disappeared when he appeared
I was searching truth and afraid to discover it
It is five to twelve and not yet I have connection
I don't know on what *slugs I will spray salt*
It is impossible to do it on all slugs
That's why I but take some given ones?
Maybe I neglect to *catch the cow by her horns*

It is dark, no light is visible for me
I am not blind but it is dark around me
I can only grab the shapes
Of the mysterious things that surround me
Sometimes they show very clear to me
In bright images and gaudy colours
But especially when they are new
I firstly discover their skin and shapes

Freude

Alvorens ze in het volle licht te aanschouwen

Op dit moment sta ik op een heuvel
En kijk naar de lichtjes van de stad in de verte
Maar ik ga daar niet want mijn weg voert ergens anders
Het donker, de duisternis in, weg van het licht
Zal ik weer de waarheid ontdekken?
Om deze bij het ontwaken vergeten te zijn?
Of zal ik me er iets van kunnen herinneren?
Zodat ik het aan ook anderen kan vertellen

Het is een maanloze nacht maar geheel duister is het niet
De sterren staan flonkerend aan de hemel
Zoals de avond ster, Venus, zusterplaneet van de Aarde
Zal ze mij vannacht Haar geheim meedelen?
Deze Koningin van de avondschemer
En op andere dagen wel de morgenschemer

Het '*pluggen*' was het meeste werk en het egaliseren
Nu kan ik de akker eens echt goed inzaaien
En heb er voorlopig geen omkijken naar
Want hier regent het immers voldoende
En af en toe is er ook zonneschijn
Ik heb nu tijd wat andere akkers gereed te maken
Voor te bereiden, beter gezegd
Ik verwijder stenen zodat plantjes wortelen
Het is niet erg als ook onkruid opkomt
Vele van deze spontaan groeiende gewassen
Hebben een geneeskrachtige werking
Zij bevorderen ook eerder de groei van de zaden
Dan deze in de weg te staan, geen echt onkruid

De tijd van oogsten is nog ver weg
Ik maak het waarschijnlijk niet meer mee
Ik ben tevreden dat ik werker van het eerste uur ben
Die wel geen grotere beloning zal ontvangen
Maar toch veel voldoening van zijn werk heeft

Thomas de Haan

Before seeing them in the full light

At this moment I am standing on a hill
And look at the lights of the town in the distance
But I don't go that way because my way leads elsewhere
Into the dark, into the obscurity, away from the light
Will I discover truth again?
And have forgotten it at awakening?
Or will I be able to remember something of it?
So that I can tell it to also other ones

It is a moonless night but it isn't totally dark yet
The stars are twinkling in the sky
Like the evening star, Venus, sister planet of Earth
Will she announce me Her secret this night?
This Queen of the twilight
And on other days also of the dawn

The '*plugging*' was the most work and equalizing
Now I can sow the field really good for once
And don't have to look for it provisionally
Because here it is raining enough, doesn't it
And at some times there is sunshine too
I have time to sow some other fields now
To prepare them, to say it better
I remove stones so that the plants can take root
It doesn't matter when also weeds do rise
Many of those spontaneous growing weeds
Do have a healing power
They rather benefit the growing of the seeds
Then opposing them, no real weeds

The time of harvesting is still far away
I probably will not live to see it
I am content to be a worker of the first hour
Who doesn't get a bigger reward however
But has a lot of satisfaction of his work though

172

Freude

Misschien ben ik wat teleurgesteld
Vanwege de povere eerste resultaten
Maar mijn zaad is nog niet ontloken
Niet in harten van steen zoals velen hebben

Verwoed doe ik pogingen tot overreding
Ik weet niet of mijn woorden al resultaat boeken
De morgen is pas begonnen
Veel mensen weten zelfs niet dat de nieuwe dag aanbrak
Ze liggen op een oor en snurken om het hardst

Ik wil dat de mens een vrij wezen is
Daarom moeten we een begin maken
De omstandigheden weg te nemen
Die de mens tot een geknecht, vernederd
En geboeid wezen maken * Karl Marx *
Ik zou wel een revolutie van de Liefde wensen
Waarbij ik de zo misbruikte seksualiteit insluit
Misbruikt zeg ik voor andere zaken dan alleen Liefde

VIII

Ik zweefde een eindje boven de grond
Door de straten van de stad Moraal Dam
Als ik mijn linkerhand uitstak ging ik rechtsaf
En andersom, een agent hield me aan
''U bent in overtreding'' zei hij
''Als u uw rechterhand uitsteekt hoort u rechtsaf te gaan''
''Ach'' zei ik, ''het is gewoon de wet van actie is reactie''
''Dan is die wet in strijd met het verkeersreglement''
''Gespiegeld rechts is toch ook links'' zei ik pienter

Mijn vader nam mij mee naar de gaanderij
''Vlieg dan vogeltje'' zei hij, ''je kunt toch vliegen?''
''Alleen maar in mijn dromen'' zei ik
''In de werkelijkheid kan ik niet vliegen''
''Dan is het dus toch onmogelijk, Jan''

Thomas de Haan

Maybe I am a little bit disappointed
From the poor first results
But my seed has not expanded yet
Not in hearts of stone like a lot of us have

Fiercely I try to persuade people
I don't know if my words took result already
The morning has just started
Many people don't even know that the new day began
They are lying on one ear and snore for the hardest

I want that men and women are free creatures
That's why we have to start
To take away the circumstances
Which make men to an enslaved, humbled
And enchained creature * Karl Marx *
I would like a revolution of Love
In which I enclose the so abused sexuality
Abused I say for other things than only Love

VIII

I suspended a little bit above the ground
Through the streets of the town Moral Dam
When I held out my left hand I went right
And the other way around, an officer stopped me
''You are in contravention'' he said
"When you hold out your right hand you should go right''
''Alas'' I said, ''it is just the law of action and reaction''
''Then that law is against the traffic law''
''In the Mirror right is left too, isn't it'' I remarked smartly

My father took me up to the gallery
''Fly then, little bird'' he said, ''you can fly though?''
''Just but in my dreams'' I said
''In the reality I can not fly''
''Then it is impossible though, John''

174

Freude

Zei mijn vader een beetje bedroefd
''Ik weet het niet'' zei ik
''Misschien is er nog een andere mogelijkheid
Als ik maar de juiste Sleutel heb''

Ik kan het huis niet in, de sleutel past niet
Van diverse zijden krijg ik sleutels toegeworpen
Een voor een probeer ik ze
Totdat uiteindelijk er eentje past, nummer 2396?
Een blonde vrouw volgt me naar binnen
''Wie ben je?'' vraag ik, ''en van waar kom je?''
Ze antwoordt niet en danst op de maat van de muziek
Die uit alle hoeken van de kamer klinkt
Terwijl ze zich langzaam en sensueel uitkleedt
''Ik ben een zuster van genade'' zegt ze ten slotte
''Ik kom van heel erg ver hier vandaan''

Ik duw de deur open de deur van de gevangenis
Ik ga naar binnen en word geketend
De bewakers lezen van het scherm:
'Niet voeren, alleen proviand voor onderweg'
Alles wordt opgeslagen in een depot
Totdat de tijd 'rijp' is, spoedig al?
'Opgeborgen' dit alles in het archief?

Engelen vervoeren me naar Amerika
Waar ik zal worden behandeld
Als links of rechts, waaruit te kiezen
Wil ik rijk zijn of arm, ik kies de linke rijke kant
Mijn arm wordt afgezaagd zonder verdoving, wat een pijn
Totdat ten slotte ik het uitgil
Opdat ik niet nog meer pijn zal worden gedaan
Als ik wakker wordt ver vaagt de herinnering
Achteraf gezien wordt alles Betrekkelijk

Ze hebben me opgesloten omdat ik vreemd doe
Vreemd in ogen van 'normale' mensen

My father said a little bit sad
''I don't know'' I said
''Maybe there still is an other possibility
When I have but the right Key''

I can't move into the house, the key doesn't fit
From several directions I get thrown keys to me
One by one I try them
Until at last one fits, number 2396?
A blonde woman follows me inside
''Who are you?'' I ask ''and where are you from?''
She doesn't answer and dances at the measure of the music
Which sounds out of all corners of the room
While she undresses slowly and sensually
''I am a sister of mercy'' she says at last
''I am from very far away from here''

I push open the door, the door of prison
I go inside and am enchained
The watchers read from the screen:
'Don't feed, just provisions for on the way'
Everything is stored in a depot
Until time is 'ripe', soon already?
'Put away' this all in the archive?

Angels transport me to America
Where I shall be treated
As left or right, out of which to choose
Do I want to be rich or poor; I choose the left (risky) rich side
My arm is sawed off without stupor, what pain
Until at last I cry it out
In order that not still more pain will be done to me
When I awake the memory fades away
Looking back everything is Relative

They have locked me up because I act strange
Strange in the eyes of 'normal' people

Freude

In een isoleercel stopten ze me
Omdat ik 'war' taal praatte
Maar is war taal niet de taal der profeten?
Profeten behoren niet in deze tijd
Profeten zijn van vroegere dagen
We mogen Elk ander geen pijn doen, het 11de gebod
Elf is het gekken getal, een gek pijnigt zich zelf
Om een uitweg, een oplossing te vinden

Ik wil hier uit, ik wil niet langer hier blijven
Ik wil de wereld het goede nieuws vertellen
Maar men staat het me niet toe
Voor eeuwig moet ik opgesloten blijven
Altijd moet ik in de kou blijven staan

Ik kan nooit uitvliegen naar de zonnige streken
Die me beloofd zijn immers toch?
De wereld is een volslagen gekkenhuis
Ik zou hier iets aan kunnen veranderen?
Als men het me toestond

Het licht schijnt in de duisternis
Te veel licht is echter ook niet goed
Dan moet je maar in de schaduw gaan staan
Van een grote boom bijvoorbeeld
Die slechts groeit bij de gratie van het licht

Voorlopig echter wandelen we nog
Door een diep en donker dal
Maar aan het einde van deze lange donkere tunnel
Ja daar dan, daar zal meer licht zijn?
Voor wie daar nu weer behoefte aan heeft

IX

Sterren *vertelt* het verhaal van Liefde haat en Glorie
Ingewikkelde mysteries diep en donker

177

They locked me up in an isolating cell
Because I talked in 'war' tongue
But is war tongue not the tongue of prophets?
Prophets don't belong in this time
Prophets are of earlier days
We must not cause Each other pain, the 11th command
Eleven is the mad number, a madman hurts himself
To find a way out, a solution

I want to go out of here, I don't want to stay here
I want to tell the world the good news
But I am not allowed to do so
For ever I have to stay locked up
For ever and ever I have to stay in the cold

I can never fly out to the sunny areas
Which are promised to me though?
The world is a total insane mad house
I could change something of that?
When I was allowed to do so

The light shines in the obscurity
Too much light however also isn't good
Then you have but to stand in the shadow
Of a big tree for example
Which only grows by the grace of light

Provisionally however we walk
Through a deep and dark valley
But at the end of this long dark tunnel
Yes there then, there it will be lighter?
For those who have need of that now again

IX

Stars *tells* the story of Love hate and Glory
Difficult mysteries deep and dark

Freude

Heb ik het Fout, heb ik gelijk, ik ben *Gemeen*?
Bedoel je mij, dat kan toch niet zijn?
Ben je dan nog niet een geval, van de God Seksualiteit?
Wil jij je Gastheer in tweeën delen?
Onze Geest zal altijd worstelen

Wraak, moeten we altijd ons wreken?
Stop, stop, allen zijn we kinderen van zijn Goedheid
Wees dapper, laat Hem oordelen
En je zult leven gedurende alle Eeuwigheden
Laat goede mensen samen spannen
Tegen de duivel binnen in ons
Wees niet bang, niet bang van Hem
Want het Goede overwint, overwint altijd!
Wees niet zo ongelovig, wil je een bewijs?
Ben je blind dan aan ogen en oren?
Kun je niet horen dan die Engelen Koren?

Het werd geschreven in de Tekenen van Geri *Roem*:
Leo, Leo, Leo, vergeet toch niet
Dat de Ander luistert als je zegt:
''Ik ben het, ik ben het, ik ben het alleen''
Nee, nee, oh nee, jij kunt het niet zijn
Die de wereld bevrijdt van alle Ramp spoed?

Er zijn genoeg Tekenen voor ons Allen
Mannen of vrouwen, doet het er werkelijk toe?
Jij bent Groot en zij zijn klein?
Maar het is precies net een andere som
Omdat de grootste juist de kleinste is
Maagd, Maagd, geef wat Liefde aan hen
Die deze behoefte verloren hebben
En je zult er heel dicht bij zijn
Bij een Liefde die werkelijk is
Maar laat toch nog het gordijn niet vallen
De voorstelling is nog niet afgelopen!
Red ons uit onze grote misère

Thomas de Haan

Am I Wrong; am I right, I am *Gemini*?
Do you mean me, that couldn't be, though?
Aren't you some thing yet, of the God Sexuality?
Do you want to divide your Host in two?
Our Mind will always struggle

Revenge, do we always have to take revenge?
Stop, stop, we are all children of his Goodness
Be brave, let Him ordeal
And you will live during all Eternities
Let good people conspire
Against the devil inside of us
Don't be afraid, don't be afraid of Him
Because the Good conquers, ever conquers!
Don't be such an unbeliever, do you want prove?
Are you blind then on eyes and ears?
Can't you hear then those Angel Choirs?

It was written in the Signs of Gary *Fane*:
Leo, Leo, Leo, don't forget
That the Other one is listening when you tell:
''It is me, it's me, it is only me''
No, no, it can't be you, it can't be you
Who frees the world of all Disaster?

There are enough Signs for all of Us
Man or woman, does it really matter?
You are Big and they are small?
But it is just the other way around, another sum
Because the biggest is just the smallest
Virgo, Virgo, give some Love to those
Who have lost that need
And you will be very close
To a Love that is real
But don't let the curtain fall yet though
The performance hasn't come to an end yet
Save us out of our big misery

Freude

Maak het alsjeblieft niet erger dan ooit
Bombardeer niet het Huis dat je beschermt

Ik vraag u in de naam van Het Kruis
Het is toch gewoonweg ieders plicht
Zijn eigen of haar eigen kruis te dragen
Bevrijd dan al de mensen, al de mensen om je heen
Niet alleen vrijheid, vrijheid voor je zelf
En gebruik daarbij niet ook zelf geweld
Wees weerbaar maar zonder zwaard of geweer
Laat ik toch de allerlaatste zijn, bid ik
Niet nog meer lijden, niet nog meer lijden
Omdat we elkaar steeds blijven bestrijden

Het enige gebod van nu aan is:
Doe met je Zelf wat je deed met anderen
En de gevallen Engel is ook gered
Vrij dan je eigen wil te doen
Als je gehoorzaamt aan je eigen Zelf
En niet meer de wil van andere mensen
Niet meer de wil van mensen om je heen
Dus heb een democratische geest ook binnenin je
En nooit meer zal je totaal alleen zijn
Je Vader zal altijd met je zijn
Als je zelf ook wat water bij de *Wijs* doet
De laatste wijs is altijd de beste?

Wie zal de laatste clown zijn, een vage bond?
Nieuwe huizen bouwen om te schuilen
Voor bescherming tegen regen en kou
In de zomer ja dan kun je buiten slapen
Kijk dan, zie jij je pad niet?
Weet je niet waarheen te gaan?
Heb je het niet gelezen, wat zou dat?
Vis niet alles uit de prullenbak

Een van mij liegt altijd

Thomas de Haan

Please don't make it worse than ever
Don't bomb the House that protects you

I ask you in the name of The Cross
It just though is the plight of everyone
To carry his or her own cross
Free then all the people, all the people around you
Not only freedom, freedom for your self
And don't use violence for that your self too
Defend yourself but without sword or gun
Let me though be the last, I pray
Not still more suffering, not still more suffering
Because we stay struggling against each other ever again

The only command from now on is:
Do to your Self what you did to others
And the fallen Angel is saved too
Free then to do your own will
When you obey to your own Self
And not any more the will of other people
Not any more the will of people around you
So have a democratic mind also inside of you
And never again you will be totally alone
Your Father will always be with you
When you yourself do some water by the *Wise*
The last wise always is the best?

Who will be the last clown, a vague bond?
Building new houses to take shelter
For protection against rain and cold
In the summer yes then you can sleep outside
Watch then, can't you see your path?
Don't you know where you have to go?
Didn't you read it, what does that matter?
Don't fish everything out of the basket

One of me always lies

Freude

En een van mij spreekt altijd de waarheid
Dus vraag gewoon: ''Wat zou je broer zeggen?''
En ga dan dus juist de andere kant op
Een oud raadseltje, zou het dat zijn?
Maar echt, het is veel ingewikkelder

Niemand liegt altijd, niemand spreekt altijd de waarheid
Er is nooit ook of voor niets een bewijs
Al zweer je het bij je hoogste goed?
Want rechts is links en links is rechts
Rechts regeert links en links regeert rechts
Wie is links handig, wie rechts handig?
Hij weet het best, Je Zuster weet het beste
Hij/Zij weet het beter dan jij toch?
Vrouwen zijn mannen en mannen zijn vrouwen

Vind je dit Fee malle liedje niet leuk?
Ik ben een Elf, gek van Liefde
Ik viel op de aarde van hoog van Boven
Uit de Hemel viel ik, een oude Worm
Want vliegen kon ik toen niet meer
De deur was dicht en er was geen smid
Die de Sleutel maken kon?
De sleutel van Engel Land
En plotseling toch had ik een andere sleutel
Een sleutel die alle harten opent
De symbolen?: § ~ ° ~ @ $ % ^^ < > ¼ € * °

Weg nu zijn mijn grieven voor altijd?
Laat de doden de doden maar begraven
In de poel der vergetelheid
Een nieuw *kind soort* is nu weer geboren
Wie wil mijn kind dat verloren was?
En spoedig zal terug komen uit het verleden
Alles duurt een eeuw, zou dat niet kunnen dan?
Afhankelijk van hoe rijk je al weer bent
Wacht een moment, dat is eeuwigheid!

And one of me always speaks the truth
Thus just ask: ''What would your brother say?''
And then thus just go the other way
An old little riddle, could it be that?
But really, it is much more complicated

No one always lies, no one always speaks the truth
There is never or for nothing a proof
Although you swear it by your highest good?
Because right is left and left is right
Right reigns left and left reigns right
Who is left handed, who is right handed?
He knows best, Your Sister knows best
He/She knows better than you though?
Women are men and men are women

Don't you like this Fee male song?
I am an Elf, mad of Love
I fell on Earth from high Above
Out of Heaven I fell, an old Worm
Because I could not fly any more then
The door was locked and there was no blacksmith
Who could repair the Key?
The key of Angel land
And suddenly though I had an other key
A key that opens all hearts
The symbols?: § ~ ° ~ @ $ % ^ ^< > ¼ € * °

Away now are my grieves for ever?
Let the dead but bury the dead
In the mud pool of forgetfulness
A new *kind sort* now is born now again
Who wants my child that was forlorn?
And soon will come back from out of past
Everything lasts a century, couldn't be it that then?
According to how rich you are again yet
Wait a moment, that is eternity!

Freude

Dus: voor dat het Tijdperk der Waterman begint
Heb ik een vertaald lied om samen te zingen
Ik wil hier Vrede en gerechtigheid Loven
Het is van de Heer, het is van Boven

Het Idee dat Hij heeft in Gedachten:
Hij wil het Grote Leed verzachten
Oorlogen en Zorgen achter ons gelaten
Mensen die elkaar niet meer haten
* Kinderen die naakt onder de Zon spelen
Elkaar Beminnen en zich niet vervelen *

In de Naam van de Liefde vraag ik U
Vertrouw op je Heer, vertrouw Hem Nu
Hij zoekt je, je kunt je niet verstoppen
Als Hij aan je Deur komt kloppen

Noem Hem Je Zus, noem Hem Jood
Mannelijk of vrouwelijk kan Hem niet schelen
Of blanken, bruinen, zwarten, gelen
Rood is het Bloed dat Hij voor Ons vergoot

De Waterman zoekt zijn Weg
Nu op de dag dat ik tot u zeg:
De profetie is altijd toch Zonnen klaar
1992, ach werden maar die dromen waar!

De Messias van de toekomst werd gezonden
Naar toekomst dan wel verleden tijd
Hij die na ons komt was eerder
Eens in de duizend jaar wordt Hij vrij gelaten
En wat, wat heeft Hij weinig tijd
De wereld naar zijn of haar hand te zetten
De Dood zal alle tranen wissen, dat is zeker
En natuurlijk je zorgen en je vrezen
Een Ster valt, een Ster valt uit de Hemel
Wie zal de laatste Clown zijn?

Thomas de Haan

Thus: before the Age of Aquarius begins
I have a translated song for us to sing
It's full of Peace, it is full of Love
It is from the Lord, it is from Above

The Idea He has in Mind
Brotherhood for Mankind
Wars and Sorrows left Behind
People who don't hate each other any more
* Children playing naked under the Sun
Making Love and having Fun *

In the Name of Love I ask to Thou
Let the dreams of that Man come true
He is searching you, you can't hide
He is your Bridegroom, you are His Bride

Call Him Jesus, call Him Jude
Male or female doesn't matter
Simple, dogmas He will shatter
Something Bad turns to be Good

Aquarius will find His way
I didn't know until this very day
Prophesy coming true:
A new beginning, 1992?

The Messiah of the future has been sent
To future or times past by
He who comes after us has been before us
Once in thousand years He will be let free
And what little, what little time He has
To change the world in what he or she wants
Death will wipe away our tears for sure
And of course your sorrows and your fears
A Star falls, a Star falls out of Heaven
Who will be the last Clown?

Freude

Die een einde maakt aan ons Huis
Bestaat er werkelijk een Super Bom
Een Bom die scheurt het Heelal uit Een
Zou iemand echt zoveel Smarties hebben

Ik zeg u met grote Smart:
Ik had een Zwart gaatje in mijn 'Hart'
'Spoedig' zal het Universum weer geboren worden
Want het Einde is het Begin, het Begin is het Einde
Een Droom die begint zal eens eindigen

Achter elke deur die ik opendeed
Ging een andere deur weer dicht
In toekomst dan wel verleden tijd
Wanneer opent eindelijk iemand de laatste deur?
De deur om terug te keren naar het paradijs
Of blijft die Sleutel echt gebroken

Een Maniak wilde me verkrachten
Ik verzette me hevig en nam hem mee
Naar mijn ouders om hen te laten oordelen
Maar ze keken gewoon goedkeurend toe
Hoe ik door die Maniak werd opgenaaid
Mijn geslachtsdeel werd chirurgisch verwijderd
Tot mijn verbazing vond ik dat helemaal niet erg
Dat ik geen lid meer was de voetbalclub
Want ik kan toch zo niet zo goed voetballen

Eindelijk dan was ik een vrouw
Zelfs eierstokken werden in me getransplanteerd
Wat was ik uiterst mooi geworden
De spiegel toonde me een prachtig lichaam
Mijn buik bolde al wat, ik was zwanger
Van dit boek dat aldus op de wereld kwam:

In den beginne was de Letter vader
En het Woord was bij Zijn Goedheid

Thomas de Haan

To bring the House down?
Does really exist some Super Bomb
A Bomb that tears the Universe apart
Does someone really have that many Smarties?

I will tell you with big Smart
I have some little Black hole in my Heart
'Soon' the Universe will be born again
Because the End is the Beginning, the Beginning is the End
A Dream that Begins once has to End

Behind every door that I enclosed
Another door was locked
In future or maybe past times
When at last then someone opens the last door?
The door to reach paradise again
Or does stay that Key really broken?

A Maniac wanted to rape me
I resisted strongly and took him with me
To my parents to let them ordeal
But they just seemed to approve
That I was totally fucked up by that Maniac
My genitals were removed surgically
To my surprise I didn't care in the least
That I wasn't a member of the soccer club any more
Because I can't play that good soccer though

At last then I was a woman
Even ovaries were transplanted inside of me
How utterly beautiful I had become
The mirror showed me a splendid body
My belly was already some what swelling, I was pregnant
Of this book that came on earth this way:

In the beginning was the Letter father
And the Word was with His Goodness

Freude

En het Woord was Goed, Vader
Zie: Het Licht schijnt in de Duisternis
En de Duisternis heeft de e niet blijvend gegrepen
* Naar het Evangelie volgens Johannes *

1981:

Vliegtuigen vlogen over, bommen vielen her en der
De wereld zou totaal vernietigd zijn
Indien de schepping niet veranderd was
Een Atoomexplosie werd in een straatlantaarn veranderd
* Die Atoombom, die op Mos Kou viel *
De Derde Wereld Oorlog was uitgebroken
Het hier en nu werd totaal vernietigd
Gelukkig is niet goed te bepalen
Waar dan wel het 'hier en nu' precies is?
Want het hier en nu is overal en nergens
Dus ook het moment van onze geboorte en sterven
Het kleine virusje dat in computers sluipt?:

And the Word was Good, Father
Look: The light shines in the Obscurity
And the Obscurity hasn't seized the extra o ever lasting
* According to the Gospel of John *

1981:

Aero planes flew over, bombs fell hither and thither
The world would have been totally destroyed
If the creation wouldn't have been changed
An Atomic Explosion was changed into a street lantern
* That Atomic Bomb that fell on Moss Cold? *
The Third World War had started
The here and now was totally destroyed
Luckily it can impossibly be calculated
Wherever then the 'here and now' is exactly?
Because the now and then is everywhere and nowhere
Thus also the moment of our birth and death
The little virus creeping in computers?:

'Enige' Korte Gedachten

'Lonesome' Short Thoughts

Love and Understanding

Is there a Solution, I can't find it
Can some body or No body?
Gone through Heaven, gone through Hell
That was also no Solution though?

So now I accept my life on Earth
And try to find my own paradise
Woman, women, give me Shelter
I'll hide my head between your Breasts
As if I was your little Child

Maybe I'm mistaken
Maybe I am wrong
Maybe I'm a Coward
Maybe I'm not Strong
But she is pretty and life is going along

What happens when I want to leave her?
What happens when I want to go out of *'bad'*?
Her head changes in that of a Pig
Does she want to hold me a kind of Mirror?
To show me my own ugliness

And I know now at last:
There would maybe a Solution after all
The cure for Pain is:

Love and Understanding!

Thomas de Haan

Liefde en Begrip

Is er een Oplossing, ik kan haar niet vinden
Kan iemand dat of Niemand?
Door de Hemel gegaan, door de Hel gegaan
Dat was toch ook geen Oplossing?

Dus nu accepteer ik mijn leven op Aarde
En probeer mijn eigen paradijs te vinden
Vrouw, vrouwen, geef me een Schuilplaats
Ik zal mijn hoofd tussen je Borsten verbergen
Alsof ik je kleine Kindje was

Misschien heb ik het mis
Misschien heb ik het fout
Misschien ben ik een Lafaard
Misschien ben ik niet Sterk
Maar ze is lief en het leven gaat door

Wat gebeurt er als ik haar wil verlaten?
Wat gebeurt er als ik uit *'bed'* wil gaan?
Haar hoofd verandert in dat van een Varken
Wil ze me een soort van Spiegel voorhouden?
Om me mijn eigen lelijkheid te laten zien

En nu weet ik eindelijk:
Er zou wellicht toch een Oplossing zijn
De genezing voor Pijn is:

Liefde en Begrip!

Aquarius

Before the Age of Aquarius begins
I have a song, for us to sing
It is full of Peace, it's full of Love
It is from the Lord, it's from Above

The idea He has in Mind
Brotherhood for man kind
Wars and the most severe Sorrows left behind
People who don't hate each other any more
* Children playing naked under the sun
Making Love, and having fun *
They don't feel too hot, they just feel warmth

In the Name of Love I ask to Thou
Let the dreams of that Man come true
He's searching you, you can't hide
He's your Bridegroom, you're His bride

Call Him Jesus, call Him Jude
Male or female doesn't matter
Simple dogmas He will shatter
Something *bed* turns to be good

Aquarius will find His way
I didn't know until this very day
Prophesy coming true
A new beginning: **1992?**

Thomas de Haan

Waterman

Voor het Tijdperk van de Waterman zal beginnen
Heb ik een lied om samen te zingen
Ik wil hier Vrede en Gerechtigheid Loven
Het is van de Heer, het is van Boven

Het idee dat Hij heeft in Gedachten
Hij wil ons grootste Leed verzachten
Oorlogen en zorgen achter ons gelaten
Mensen die elkaar niet meer haten
* Kinderen die naakt onder de zon spelen
Elkaar beminnen en zich niet vervelen *
Ze voelen niet te veel hitte, maar alleen warmte

In de Naam van de Liefde vraag ik U
Vertrouw op de Heer, vertrouw Hem nu
Hij zoekt je, je kunt je niet verstoppen
Als Hij aan je deur komt kloppen

Noem Hem Jezus, noem Hem Jood
Mannelijk of vrouwelijk kan Hem niet schelen
Of blanken, zwarten, bruinen, gelen
Rood is het Bloed dat Hij voor ons vergoot

De Waterman zoekt nog steeds Zijn weg
Nu, op het tijdstip dat ik dit tot u zeg
De profetie was/is zonnen klaar
1992, onze dromen worden eindelijk waar?

Een frisse duik in Zee

Ik ga met je mee
We doen al onze kleding uit
Ons lichaam we mogen tonen
Aan wie maar wil kijken naar ons

Je bent Beeldschoon, weet je dat?
Een wonder dat iemand als jij houdt van mij
Zo slank nog voor je leeftijd
En nog maar heel weinig rimpels

O, je zegt dat ik een stijve Willy heb
Dat valt toch heus wel mee
Moet ik me ervoor generen?

Jij wekt seksuele lusten in me op
Gaan we straks naar een stil plekje
In de duinen of blijven we hier?

Liedje van Niks

Dit is een liedje van Niks
Want het gaat helemaal nergens over
Niemand weet waarover het gaat
Want om een liedje van Niks te maken
Moet je buiten deze *zinnen* raken

Thomas de Haan

A fresh dive into the Sea

I will come with you
We will totally undress
We are allowed to show our bodies
To all who but want to look at us

You are Splendid, do you know that?
A wonder that somebody like you loves me
So slender still according to your age
And yet also not that very little wrinkles

Oh, you say that my Willy is stiffening
That turns out better than expected, doesn't it
Do I have to be ashamed for that?

You awake sexual lust in me
Do we go to a quiet place just now
In the dunes or do we stay here?

Little song of Nil

This is a little song of Nil
Because it handles about totally nothing
Nobody knows where about it handles
Because to make a song of Nil
You have to get outside these *sins/sentences*

Sea of Love

I am drowning
Because you don't want me any more
I am drowning
Where can I find the shore?
I am searching
Searching to find your Love
I am praying
For help from Above
But the Lord is busy now
How to reach Him, I don't know how

Refrain:

I want to caress you with my lips
To touch you with my finger tips
Save me from the Waves
And lock me into your little cave
Most lovely girl I've ever seen
Why don't you want to be my Queen?

Why do you hide behind a mask?
Why don't you show your true face?
If you would do what you ask
You just could have a place
To hide, a place at my side
Why do you await the Tide?
It will come over you, you will drown
Why don't you want the Crown?
I want to put onto your head
Why do you choose loneliness instead?

Refrain

Thomas de Haan

Zee van Liefde

Ik verdrink
Omdat je me niet meer lust
Ik verdrink
Waar vind ik de kust?
Ik ben op zoek
Op zoek om je Liefde te vinden
Ik bid en smeek
Om hulp van Boven
Maar de Heer heeft het nu druk
Hoe Hem te bereiken weet ik niet

Refrein:

Ik wil je liefkozen met mijn lippen
Ik wil je aanraken met mijn vingertoppen
Red me van de Golven
En sluit me op in je grotje
Liefste meisje dat ik ooit gezien heb
Waarom wil je mijn Koningin niet zijn?

Waarom verberg jij je achter een masker?
Waarom vertoon je niet je ware gezicht?
Als je zou doen wat ik je vraag
Zou je een plaats kunnen hebben
Om je te verbergen, een plaats aan mijn zijde
Waarom wacht je het Tij af
Het zal over je komen, je zult verdrinken
Waarom wil je de Kroon niet?
Die ik op je hoofd wil zetten
Waarom kies je in plaats daarvan eenzaamheid?

Refrein

Herinneringen

Als de kralen van een lange ketting
Rijgen zich mijn herinneringen aaneen
Ik herinner me meer dan ik al dacht
Mijn goede momenten
Maar ook mijn slechte momenten

Scherper dan het scherpste mes
Snijden nog je afscheidswoorden
* Door mijn ziel *
Met een fijn gepunte stift
Staan ze in mijn herinnering gegrift

Maar ook de tedere momenten
De momenten van ons 'samen zijn'
Dat kon niet voor altijd blijven
Maar het was fijn

Vonk

De Goddelijke Vonk
Deed het Heelal ontbranden
Aan de Wieg van het Al
Staat Hij die eens wezen zal

Memories

Like the beads of a long necklace
My memories stick together
I remember more than I was thinking
My good moments
But also my bad moments

Sharper than the sharpest knife
Your words of departing cut
* Through my soul *
With a sharp pointed pin
They are inscribed in my memory

But also the tender moments
The moments of our 'being together'
That could not stay for ever
But it was just fine

Spark

The Divine Spark
Did ignite the Universe
On the Cradle of it All
Is He who once will be

Nachtegaal

Een nachtegaal zit in een boom
En zingt zijn prachtig lied
Ik voel me wel wat loom
Maar zit in een stoel en geniet

Een kop koffie zou ik nu wel lusten
Met veel suiker, weinig melk
Nu is de tijd om wat uit te rusten
Morgen moet ik aan het werk

De *Bed* dagen zijn voorbij
Er wacht nog slechts geluk op mij
Ik kan me aan de stilte laven
En dank de Heer voor Zijn goede gaven

Het Wonder

Ik zal u vertellen wat ik zag
Ergens in de mooie vrije natuur
Ik maak er even maar van gewag
Dat wonderen zijn niet al te duur:

Geen geluid is er te horen
In het nu al schemerduister
Toch, een enkel boomblad ruist 'r

Een geritsel in de struiken
Een konijn dat schiet voorbij
Door een Goddelijke kracht gegrepen
Sta ik verwonderd aan de kant

Thomas de Haan

Nightingale

A nightingale is in a tree
And sings his splendid song
I feel a little bit dozy
But I am sitting in my chair and savour

I would like to drink a cup of coffee now
With a lot of sugar, little milk
Now it is time to rest for some while
Tomorrow I will continue my daily work

The *Bad* days will be over now
Only happiness is a waiting still
I enjoy the pure quietness
And thank the Lord for His good gifts

The Miracle

I will tell you now what I saw
Somewhere in the beautiful free nature
I will make mention of it now
That miracles are not that costly:

No sound can be heard
In the already twilight dark
Though, a single tree leave rustles

A rustling in the bushes
A rabbit dashes past me
Seized by a Divine Power
I look in wonder in the margin

Symboolvorming

Ik ben bang
De golven overspoelen me
In de diepte van de Zee
Heb ik een ontmoeting met mijn Heer

De zee is als een Spiegel
Die zijn Beeld weerkaatst
Totdat de wind weer opsteekt
En het Beeld verbroken wordt

Mount of Doom

When I have grown up, I guess
I'll steal all diamonds I can get
And throw them in Mount of Doom
To save them who are condemned?
* To be poor and hungry and oppressed *

Broekje

Alweer een broekje in de branding
Ik zet alweer een punt.
Met de eigenaresse.

Thomas de Haan

Symbol forming

I am afraid
The waves overrun me
In the depths of the Sea
I have a meeting with my Lord

The sea is like a Mirror
That plays back his Image
Until the wind blows again
And the Image is violated

Doemberg

Ik denk dat ik als ik volwassen ben
Alle diamanten zal stelen die ik kan pakken
En hen in de Doemberg zal gooien
Om hen te redden die gedoemd zijn?
* Arm en hongerig en onderdrukt te zijn *

Little slip

Once again a little slip in the breakers
I set a point once again.
With the female proprietor.

Freude

Redenloos?

Als Vissen diep in het water
Als een Steenbok hoog op het land
Wachtte ik op de dag van later
Lelies waren in mijn hand

Echter: Lelies verwelken
Vergeet - me - *noten* gaan teniet
Zoals het is met jouw schoonheid
Zoals het ook is met mijn verdriet

Zoals de doornen van de Roos
Mij niet blijven prikken, ik ben boos
Want Vissen worden op het land geworpen
De Steenbok is slechts Reden loos

In de verte roept een uil: oehoe, oehoe
Maar misschien is het ook een koe
Wat eigenlijk slechts bladvulling is
Vanwege een te kort *'gedacht'*
Moet daar niet iets voor opgebracht?

Thomas de Haan

Without any Reason?

Like Pisces deep under water
Like a Capricorn high on land
I awaited for days to come
Lilies were in my hands

But: Lilies wither
Forget - me - *nuts* get lost
Like it is with your beauty
Like it is with my sorrows too

Like the thorns of the Rose
Don't stay pricking me, I am mad with anger
Because Pisces are thrown on land
The Capricorn is just but Reasonless

In the distance an owl calls, o how, o how
But maybe is was just a cow
What properly just is to fill up the page?
On account of a too short *'be thought'*
Mustn't something be brought up for that?

De Vlinder

Een mooie vlinder
Gezeten op een bloem
Voorzichtig nader ik haar
Ik wil een foto nemen
Het is alsof zij dit weet

Ik kom heel erg dichtbij haar
En stel de lens op scherp
Is er voldoende licht?
De vlinder is nog niet weg
Dan klinkt het eenmaal klik

De vlinder vliegt snel op
En daalt ergens anders neer
Maar ik heb aan haar
Een lang blijvende herinnering

Depressie

Als de zon schijnt, lacht het leven me toe
Maar ik ben wel eens levensmoe
En moet me met alle kracht verzetten
Om evengoed mijn plicht te doen

Dat valt niet altijd mee
Soms overspoelen me de golven van de zee

Ik kan maar moeilijk ademhalen
Want kieuwen heb ik niet
Op eigen kracht kom ik niet verder
Zodat ik om redding bid

Thomas de Haan

The Butterfly

A beautiful butterfly
Sitting on a flower
Carefully I approach her
I want to take a picture of her
It is as if she knows that

I approach very near to her
And turn the lenses sharp
Is there enough light?
The butterfly is not away still
Then it for once sounds click

The butterfly flies away fast
And lowers down somewhere else
But I have of her
A long staying memory

Depression

When the sun shines, life smiles to me
But at some times I am tired of life
And have to resist me with all my might
To do as well my plight

That isn't always that easy
Sometimes the waves of the sea overrun me

I can but breath with difficulty
Because I don't have gills
On own power I don't come further
That's why I pray for salvation

De Bloem en de Bij

Op een bloem
Was een Bij
De bloem zei:
Dag bij
En de bij
Was alweer voor bij

Hij vloog
Naar een andere bloem
En gaf ook haar een zoen

De bloem stierf
Maar de plant droeg vrucht
Dat was te *denken*
Aan de bij

Tijd/Ruimte

De bloemen
De bomen
Het groene gras

De toekomst
Het nu
Het verleden

Wat was
Wat is
Wat zal zijn

Thomas de Haan

The Bee and the Flower

On a flower
Was a bee
The flower said:
Hi bee
And the bee
Was yet away again

He flew
To another flower
And gave also her a kiss

The flower died
But the plant carried fruit
That was to *think*
Of the bee

Time/Space

The flowers
The trees
The green grass

The future
The now
The past

What was
What is
What will be

Lieveling

Ik hou van jou mijn lieveling
Jij bent de ene die ik zozeer bemin
Ook je lichaam is nog heel schoon en fris
Je bent nog jong, veertien jaar jonger dan ik
Ook ik ben nog niet bejaard, vijftig pas
Het verschil is toch niet echt te groot?

Kinderen hebben we nooit gemaakt
Behalve een enkel geesteskind, Adam
En zijn eerstgeboren vrouw, Eva
Die jij misschien zelf bent
Ik weet het werkelijk niet

Ik vind het fijn als je komt
Maar ga nu even weg
Toon je aan de goegemeente
In je naaktheid, ben je niet in het minst beschaamd?

Meden en Perzen

Wrang zijn de vruchten van mijn geest
Bitter zijn mijn slecht gekozen woorden
Toch is dit een kersvers vers
Te gauw echter weer belegen

Het is geen wet van Meden en Perzen
Die ik beschrijf in mijn verzen
Wat ik schrijf is zo belangrijk niet
Een allegaartje zoals je ziet

Darling

I love you my darling
You are the one that I love most
Also your body is still very beautiful and fresh
You are still young, fourteen years younger than me
I too am not yet old, just fifty yet
The difference isn't really too big, is it?

Children we did never make
Except for a single ghostly child, Adam
And his first born wife, Eve
Maybe you are her yourself
I really do not know

I like you to come
But go away now a minute
Show yourself to the general public
In your nudity, aren't you ashamed in the least?

Medes and Persians

Harsh are the fruits of my mind
Bitter are my bad chosen words
Though this is a quite fresh verse
To soon however again matured

It is no law of Medes and Persians
Which I describe in my verses
What I write isn't that important
A hotchpotch like you can see

Bloem

Er is een bloem ontloken
Een bloem van vrede en tevredenheid
Wie strijd en oorlog wil stoken
Raakt hem zeker weer kwijt

De tere blaadjes van die bloem
Zoeken niet naar eer of roem
Ze zoeken slechts het Leven
Dat is iets waarnaar we allen streven

Ik zeg u zonder dralen
Laat deze bloem niet falen
Omdat je de laatste trein wilt halen?

Ik zal wellicht nog beleven
Dat we allen in vrede leven
Daar wil ik met dit lied naar streven
De spin heeft haar Web geweven

Erg dubbel is het zijden Web
Dat ik zonet voor je spon
Het staat immers in de wet
Dat het met het Paradijs begon

Misschien vindt je het gek of raar
Was een ding maar waar
Was het voor mijn dood maar voor elkaar

Thomas de Haan

Flower

A flower has expanded
A flower of peace and satisfaction
He who wants to make war and struggle
Will loose him again for sure

The tender leaves of that flower
Don't search for praise or honour
They only search for Living
That's something all of us strive at

I tell you without hesitating:
Don't you let fail this flower
Because you want to go for the last train?

Maybe I will still live to see
That all of us live together in peace
I will strive for that with this song
The spider has woven her Web

Very double is the silk Webbing
That I span for you just now
Because it is in the law, isn't it
That Paradise has been forgone long ago

Maybe you think it is mad or strange
Should one thing but come true
Would it but be fulfilled before my death

Iris

Als een koele lentewind
Die door mijn haren waait
Ben jij, een aardig kind
Dat naar mijn vinger graait

Mijn pen is vederlicht
Als ik teken je gezicht
Je Irisblauwe ogen
Hebben nog nooit gelogen

Als ik kijk in zo een blauw meer
Gaat heel mijn hart tekeer
Aan de glimlach op je lippen
Kan alleen een ander kind maar tippen

Als je naar me lacht
Heb je me in je macht
Met kinderlijke zuiverheid

Thomas de Haan

Iris

Like some cool spring wind
That blows through my hairs
You are, a nice little child
Which grabs at my fingers

My pen is feather light
When I draw your face
Your Iris blue eyes
Have never lied still yet

When I look at such a blue lake
My heart booms and is exited
To the smile on your face
Only another child can touch

When you laugh at me
You have me in your might
With such a childish purity

Eerste Liefde

Zo koud als een Vis
Die in het winterwater zwemt
Ben je voor hen die je niet kent
Zo warm als een zomerse dag
Ben je voor degenen die je mag

Jouw warmte deed het ijs smelten
Dat zich had gevormd om mijn hart
Je wilde me je lichaam schenken
In al haar mooie pracht

Altijd zal ik aan je blijven denken
Omdat je mijn eerste ware liefde was
Het is niet alleen je lichaam dat ik bezing
Je geest immers is een heel ander ding

Blijf jij toch altijd ook onthouden
Dat ik heel veel van je heb gehouden

Muze

Dit liedje is gewijd
Aan haar die me leerde dichten
Ze is, dat weet ik al en hele tijd
Mijn muze, het is een van haar gezichten

Mijn muze is niet altijd te bereiken
Daarom pleeg ik wel eens overspel
Ik wil echter niet met alle eer gaan strijken
De helft is voor haar, jazeker wel

Thomas de Haan

First Love

As cold as some Pisces
That swims in a winter lake
You are for them who you don't know
As warm as a summer day
You are for them you like

Your warmth melted the ice
That had formed around my heart
You wanted to give to me your body
In all her splendid beautifulness

I will always stay thinking about you
Because you were my first true love
It isn't only your body about which I sing
Your ghost or soul is some other thing

Will you though always remember too
That I have loved you very much

Muse

This little song is dedicated
To her who learned me write poetry
She is, that I already know a long time
My muse, it is one of her faces

My muse can't always be reached
That's why I at sometimes commit adultery
I however don't want to get all honour
Half of it is for her, yes that's sure

Heer, Kind van Dromen

Messias van elk mens
Waar ook in het universum
Ben je werkelijk overal
Voor 'er was eens', voor 'nu en altijd'
In elke Tong, en zijn wij dat ook?

Ik weet niet wat te doen
Om je dromen waar te maken
Ik heb het geprobeerd toch?

Dus luister als ik deze woorden bid:
Toon me wie je werkelijk bent
Geef me de 'Sleutel' tot het hart van mensen:
Liefde en Begrip

Ik denk dat ik hen kan helen
Met muziek van het kind van mijn geest
Ik zal je volgen of ben ik teveel een kind
Zijn we allemaal kinderen van goden?
Wanneer zijn we eindelijk volwassen?

Ik vertel je vanuit dit kleine hok
Ik ben niet beter dan de meesten
Wie ben jij, ben jij mijn Heer?

Thomas de Haan

Lord, Child of Dreams

Messiah of all people
Wherever in the universe
Are you really everywhere
For 'once there was', for 'now and ever''
In every Tongue, and are we that too?

I don't know what to do
To make your dreams come true
I tried, didn't I?

Thus listen when I pray these words:
Show me who you really are
Give me the 'Key' to the hearts of people:
Love and Understanding

I think that I can heal them
With music from the child of my mind
I will follow you or am I too much a child
Are all of us children of gods?
When will we have grown up at last?

I tell you out of this small cell
I am no better than most of us
Who are you, are you my Lord?

Vrouwe der Dageraad

Open mijn nog slapende ogen
De duisternis is bijna gestorven
En gaat over in de dag
Weldra zal ik weer bij je zijn
Schenk me dan weer wat dromen

Vertel me de waarheid over mezelf
Zoals je altijd al deed, toch
En niet in zo bedekte termen
Doe dat eens de komende nacht

Of moet ik de waarheid zelf ontdekken
Uit al die tekenen en symbolen
Niet vandaag al maar over lange tijd
Ik weet niet wat je van me verlangt
Doe ik het goed zo of nog steeds verkeerd

Een kameel kan niet door een naald
En dus ook niet een '*droom-me-daar's*'
Of het moet bij stukjes en beetjes gaan
Steeds wat ouder, steeds wat wijzer

Thomas de Haan

Lady of the Dawn

Open my still sleeping eyes
The obscurity almost now has died
And goes over into the day
Soon I will be with you again
Give me some dreams again then

Tell me the truth about my self
Like you did already always, didn't you
And not in such hidden signs
Do that now the coming night

Or do I have to search for trueness in my self
Out of all those signs and symbols
Not today already but in about a long time
I don't know what you expect of me
Am I doing right this way or still yet wrong

A camel can't go through a needle
And thus also can not a '*dromedary*'
Or it does have to go by little bits
Ever again a little bit older and wiser

Freude

Satan of iets dergelijks

Ik zat opgesloten in een smerig hol
Waar ik 'Satan' moest bevechten
Gelukkig kreeg Hij diarree van mij
Hij scheet me uit en moest van me kotsen

Ik werd op vaste grond geworpen
En kwam aan bij de planeet Liefde
Ik harpoeneerde Walvissen en schoot Olifanten
Een *Droom-me-daar's* ging met me op hol
En ik verkrachtte een of andere snol

Willeke en de berin vertelden me fijntjes:
''Ga maar terug naar je eigen planeet
En herstel daar het natuurlijke evenwicht
Hier ben je niet op je plaats
Dit is een planeet voor vrouwen''

''Is dit Venus dan?'' vroeg ik
''Vrouwen komen toch van Venus?''
Ik kreeg geen antwoord op zo een domme vraag

Wat is wijsheid

Bij het krieken van de dageraad
Vraag ik de oude wijze vrouw om raad
Haar antwoord laat op zich wachten
Totdat de zon weer ondergaat
Morgen zal ik het opnieuw betrachten

Satan or a thing like that

I was locked up in some dirty arse
Where I had to fight against 'Satan'
Happily He got from me the thin shit
He pressed me out and had to 'gif over'

I was thrown out on vast ground
And arrived at planet Love
I harpooned Whales and shot Elephants
A *Dream Camel* went on the run with me
And I raped some dirty slut

Little Willy and the female bear told me fine:
''Go back to your own planet now
And repair the natural balance there
This is not a place for you
This is a planet for women''

''Is this Venus then?'' I asked
''Women do come from Venus, don't they?''
I got no answer to such a stupid question

What is wisdom?

At the break of dawn
I ask advice to the wise old lady
Her answer doesn't come that day
Still not when the twilight comes
Tomorrow I will try it again

A better Time

For what we have done in His name
We have ourselves to blame
He doesn't want us to fight
For what is wrong and what is right
For what is good and what is bad
It just makes him very sad

Now this has come to an End
Because stop says the Lords hand
Choose your own way of life
Don't fight with gun or knife
Listen en be not afraid
For a better Time await

Broekje

Ik wou dat ik je broekje was
Dan kon ik je altijd voelen
Ik wou dat ik je broekje was
Maar nu is de tijd om wat af te koelen!

Een betere Tijd

Van wat we gedaan hebben in Zijn naam
Moeten we onszelf de schuld geven
Hij wil niet dat we vechten
Voor wie het fout heeft en wie gelijk
Voor wat goed is en wat kwaad
Het maakt hem slechts droevig

Nu is dat tot een Einde gekomen
Want Stop zegt de hand van de Heer
Kies je eigen manier van leven
Vecht niet met geweer of mes
Luister en wees niet bang
Verwacht een betere Tijd

Little slip

I would like to be your tiny slip
Then I would always be able to feel you
I would like to be your tiny slip
But now it is time to cool down a little bit!

Vrij Moedig

Wat zegt u?
Hebt u dit al eerder gehoord?
Dat kan wel zijn, ook van mij al vaak
Toch probeer ik het hier weer
Een poging het onverzoenlijke te verzoenen:

Spreek vrijmoedig over God
Maar misbruik nooit Zijn naam
U mag uzelf niet Christelijk noemen
Voor uw eigen voze doelen

De mensen moeten hun eigen weg gaan
We mogen hen niet dwingen
Wil ik hier luid en duidelijk zingen
Communisme verliest zijn vieze smaak
Als het vrijwillig gaat
De ware communist is ook een liberaal

Thomas de Haan

Outspoken

What are you saying?
Did you hear this before?
That could be, also from me often already
Though I try it here again
An endeavour to reconcile the irreconcilability

Speak freely brave about God
But never abuse His name
You are not allowed to call you a Christian
For your own dirty goals

People have to go a way of their own
We are not allowed to force them
I want to sing here aloud
Communism looses its bad taste
When it goes out of free will
The true communist is also a liberal

Wijn en gedicht

Een gedicht is als een glas wijn
Voor het slapen gaan
Het *laten* Pienter bazen gapen
En wankel op de benen staan
Zodat ze niet kunnen rijmen
En je niet kunnen lijmen
Met het sprookje van Sint Niklaas

Gerijmd, ongelijmd, niet verplicht
Soms is het eenvoudig te rijmen
De woorden komen vanzelf wel bij me
Ze houden op het juiste plekje stil
Verzon een dichter, wie ook weer?
Ik heb dat boek niet meer

Ik vang u in mijn zijden Web
Van woorden gedichten, gedachten
Zonder de taal te zeer te verkrachten
Het kan niet altijd anders, ik weet het wel
Maar een gedachte is al een gedicht
Het rijmt niet altijd, maar ongerijmd?

Het is bijna Niets

Nu weer eens bijna Niets
Een klein *op 'scheppertje'* voor op mijn Fiets

Thomas de Haan

Whine and poem

A poem is like a glass of whine
Before going to sleep
It *let* Clever Peter bosses yawn
And stand unstable on their legs
So that they aren't able to rime
And aren't able to lime you
With the fairy tale of Santa Claus

Rimed, not rimed, not out of duty
Sometimes riming is easy
The words come with me by their selves
And hold still at the right place
A poet invented, who again it was?
I don't have that book any more

I catch you in my silk Webbing
Of words, poems, thoughts
Without raping the language to much
It can't be done always otherwise, I do know that
But a thought already is a poem
It doesn't always rime, but unrimed?

It is almost Nothing

Again now almost Nothing
A little *up 'creator'* for on my Bike

Waar gaan we heen?

Waar ben je gebleven?
Waar ben je heengegaan?
Verdwenen uit mijn leven
Helemaal weg uit aards bestaan

Ben je het werkelijk wie ik soms zie?
Je toont me het litteken op je knie
Maar dat zegt toch eigenlijk niet al te veel
Ik moet je op je woord geloven

En waarom eigenlijk zou je liegen?
Dat dient toch geen enkel doel?
Ja, jij bent het die nog steeds bekoort
En voor wie ik nog heel veel liefde voel

Waarom ook zou je me bedriegen
Gebeurt het met een ieder van ons?
Dat we na onze dood verder leven?
Bij iemand die van ons hield
Als helper bij lichamelijke en geestelijke nood

Thomas de Haan

Where do we go to?

Where did you stay?
Where have you gone?
Disappeared out of my life
Totally gone out of world's existence

Are you really who I sometimes still see?
You show me the mark on your knee
But that though is not a real prove
I have to believe you for your word

And why properly would you lie to me?
That doesn't serve any goal, does it
Yes, you are it who still enchants me
And for who I still feel much love

Why too you would cheat me?
Does it happen to all of us?
Will all of us live through after death?
With someone who has loved us
As a helper with body and soul need

Bleekrode Rozen

Met een onbestemd gevoel
Zit ik te wachten in mijn stoel
Ik wacht tot inspiratie komt
Ik wacht tot de stilte is verstomd

Mijn stille woede schrijf ik neer
In een klacht aan onze lieve Heer
Ik heb heel wat aan Hem te klagen
Om Vrede wil ik Hem nu vragen

Ik verlang al een hele Tijd
Naar Vrede en tevredenheid
Nu dat de avond is gekomen
Zal ik hierover verder dromen

Ach, werden maar mijn dromen waar
Kwam maar een einde aan de macht der bozen
Al is de toestand er niet naar
Teder schenk ik je deze Bleekrode Rozen
Al is dit dan wat naar links verschoven!

Thomas de Haan

Pale red Roses

With an indeterminate feeling
I am awaiting in my chair
I wait until inspiration comes
I wait until quietness has struck dumb

I write down my quiet anger
In a complaint to our dear Lord
I have to complain a lot to Him
I want to ask Him for Peace now

I already desire for a long Time
To Peace and contentedness
Now that the night has come
I will dream further about that

Alas, did but my dreams come true
Would but come an end to the might of the evils
Although that position is not yet reached
Tender I give you these Pale red Roses
Although this has been placed to the left a bit!

Freude

Verloren Liefde

Nooit meer je lichaam aan te raken
Nooit meer samen in hetzelfde *bed*
Dat zijn harde noten om te kraken
Zomaar op wit papier gezet

Nooit meer je borsten zacht te strelen
Nooit meer indringen in je Liefdesgrot
Nu ik me zonder jou loop te vervelen
Denk ik aan ons gezamenlijk genot

Wat dreef ons toch uit elkander?
Waarom ging je houden van een ander?
Die ander die mijn vriend ook was

Laten we ondanks alles vrienden blijven
Dat komt toch ook jou wel van pas?
Wat heb je nou aan al dat kijven?
Houd er mee op, dan mag je blijven
En met mij wat Liefde of zo bedrijven

Thomas de Haan

Lost Love

Never to touch your body again
Never again in the same *bad*
That are hard nuts to crouch
Simply but put on white paper

Never again softly caressing your breasts
Never entering your Love cave any more
Now that I am boring myself without you
I think of our collective pleasure

What then did drive us apart?
Why did you fell in love to another?
That other who was my friend too

Let us stay friends in spite of everything
Does that look right to you too?
What do you have on all that quarrelling?
Stop it, and then you are allowed to stay
And make Love or a thing like that with me

Een nieuw lied

Een nieuw lied laat ik hier horen
Ik hoop dat het zal bekoren
Het is geen psalm of een gezang
Dit lied is niet van de eerste rang

Vele tongen komen los
Ze bemoeien zich met mijn zaken
Waar ze me het best kunnen raken
Steeds weer ben ik zelf de klos

Hiertegen heb ik geen verweer
Al sla ik kwaad sprekenden steeds neer
Geen woord verspil ik aan degenen
Die trappen op mijn lange tenen

Van binnen ben ik wat verdeeld
Er woedt een eindeloze strijd
Steeds weer ben ik de Zondegeit
Het is alsof de Duvel met me speelt
Omdat ik hem mijn ziel heb toebedeeld?

Thomas de Haan

A new little song

A new song I let hear here
I hope it will satisfy you
It is no psalm or song of praise
This song is not of the first degree

Many tongues loosen themselves
They interfere with my businesses
Where they can hit me the hardest
Ever and ever again I am the looser myself

Against this I have no defence
Although I ever again hit down evil speakers
Not a word I spend to those
Which tread on my long toes

Inside I am somewhat divided
In there an endless struggle rages
Ever and ever again I am the Sin goat
It is as if the Devil plays with me
Because I gave away my soul to him?

The Blue Ice

Don't blame me for your tears
Don't blame me for your fears
Though I am very bold
I never showed you my utterly cold

I am standing in a blizzard of blue ice
That is forbidden for the wise
Don't think I am a fool
I just am working out some tool

A tool to reach my paradise
Because though, though I am wise
Though it is forbidden
In our mind it is hidden

Returning the spell
That came upon me in my cell
Broken is the very Magic
That made my soul and body sick

The answer shines clear to me
I would like everybody to see:
Living in Peace is best to do
So I am singing: I need you
I need you, I need you so bad!

Thomas de Haan

Het Blauwe IJs

Geef me niet de schuld van je tranen
Geef me niet de schuld van je vrezen
Hoewel ik erg brutaal ben
Ik heb je nooit mijn uiterste kou laten zien

Ik sta in een blizzard van blauw ijzen
Die verboden is voor de wijzen
Denk niet dat ik een dwaas ben
Ik probeer wat gereedschap te maken

Wat gereedschap om mijn paradijs te bereiken
Want toch, toch ben ik wijs
Hoewel het verboden is
In onze geest is het verborgen

Ik kaats de betovering terug
Die op me kwam in mijn cel
Gebroken is de zwarte Magie
Die mijn ziel en lichaam ziek maakte

Het antwoord schijnt duidelijk voor mij
Ik zou willen dat iedereen zag:
Leven in vrede is het beste wat te doen
Dus ik zing: Ik heb je nodig
Ik heb je nodig, zo vreselijk nodig!

Helemaal in de Olie

Den Uil was vaak in de Olie
Hij dronk des nachts wel liters gersten nat
Des Morgens was hij vaak ladder zat
Gelukkig kon hij overdag uitslapen

Waarom hij veel dronk, u kunt het raden:
Om wat moed bijeen te rapen
Omdat hij bang in het donker was

Drie *Bieren*

Ze wilden hem graag smeren
Nee, geen brood, ze wilden er vandoor
Voor die heren met geweren

Ze zetten hem op een lopen
Naar een land zonder lopen
Van geweren ver hier vandaan

En waren eindelijk uit hun knopen
De Leeuw was Lam, Lam was de Leeuw
Wat vredig, vredig was het daar
Raak ik nu bij u de juiste snaar?

Of houdt u wel van het perverse gevaar
Van oorlog, massavernietiging
Vindt u Vrede maar een lelijk ding?
Dan bent u niet goed wijs, wat ik u zing

Thomas de Haan

Totally in the Oil

The Owl was often in the Oil
He drank in the night litres of beer
In the morning he was often drunk as a sponge
Happily he could sleep off his debauch in the morning

Why he drank that much, you may guess
To glean together some courage
Because he was afraid in the dark

Three *Beers*

They would like to smear themselves
No, no bread, they would like to fly away
From those gentlemen in arms

They set themselves on the loops
To a far away land without loops
Of fire arms far away from here

And were out of their knots at last
Lam was the Leo, the Leo was Lam
How peaceful, peaceful it was there
Do I hit now the right snare with you?

Or do you really like the perverse danger
Of war, mass destruction
Do you think Peace is some ugly thing?
Then you are totally mad, I sing

Getikt of normaal

Wie is gek, wie is normaal
De wereld is een volslagen gekkenhuis
Met oorlog en vernietiging overal

En we laten het maar op zijn beloop
Ik ook want ik kan het niet alleen
En breng graag meer mensen op de been

Zij die principieel geweld afzweren
Mijn woord, een wapen van verzet
De wereld op zijn kop gezet
Om voor eens en altijd het tij te keren

Zoals dit sonnet, zo moet het wezen:
Vrijheid, waarom zou ik het vrezen
Bevrijd ook van het juk van het kapitaal
De wereld is van ons allemaal

Thomas de Haan

Weird or normal

Who is crazy, who is normal
The world is a totally insane mad house
With war and destruction everywhere

And we just let it happen
I too because I can't change it by myself
End will encourage willingly more people

They who out of principle swear off violence
My word, a weapon of resistance
The world turned over his head
To turn the tide for now and ever

Like this sonnet, it has to be this way
Freedom, why should I be afraid of that
Freed too from the yoke of capital
The world is of all of us

Bloemen houden van mensen
Weten zij veel…!

Waarom eigenlijk?
Waarom houden bloemen van mensen?
Is het omdat elk mens uniek is?
En niet vervangen kan worden

Is het omdat ook mensen veelkleurig zijn?
Net zo als bloemen
Sommige mensen zijn mooi
Sommige mensen zijn lelijk

Bloemen zijn meestal mooi
Hoewel ook bloemen gaan verleppen
Na verloop van tijd

Mensen zijn opportunistisch
Ze denken vaak slechts aan eigenbelang
Bloemen doen dat natuurlijk ook
Ze zijn niet voor niets mooi
Maar om insecten aan te lokken

Waarom bloemen van mensen houden?
We zullen het nooit weten

Thomas de Haan

Flowers love people
Do they know much...!

Why properly?
Why do flowers love people?
Is it because every man or woman is unique?
And can't be replaced by somebody else?

Is it because also people have many colours?
Just like flowers
Some men or women are beautiful
Some men or women are ugly

Flowers most of the times are beautiful
Although flowers too wither
After a short or longer time

People are opportunistic
They often think just of personal interest
Flowers of course do that too
They are not beautiful for nothing
But to attract insects

Why flowers do love people?
We will never know that

Bird of Wisdom

I am flying over the Seventh Sea
Where I thought a thousand Wars or more
My skin is all feathered, I am a Bird
Of Wisdom, Peace is the goal
I want to reach, Peace inside myself
And for the World but that's for later care

I have lost myself on a library shelf
Where I tried to find the final Word
My skin is all feathered, I am a Bird
Of Wisdom, Peace is the goal
I want to reach, Peace inside myself
And for the World but that's for later care

Thomas de Haan

Vogel van Wijsheid

Ik vlieg over de Zevende Zee
Waar ik duizend of meer oorlogen dacht
Mijn huid is helemaal bevederd, ik ben een Vogel
Van Wijsheid, Vrede is het doel
Dat ik wil bereiken, Vrede binnenin mezelf
En voor de Wereld maar dat is van later zorg

Ik heb mezelf verloren op een boekenplank
Waar ik het laatste Woord trachtte te vinden
Mijn huid is helemaal bevederd, ik ben een Vogel
Van Wijsheid, Vrede is het doel
Dat ik wil bereiken, Vrede binnenin mezelf
En voor de Wereld maar dat is van later zorg

Loflied op de Schoonheid

Wat zijt Gij mooi, Gij lieve vrouw
Uw borsten zacht als perziken maar niet overrijp
Maar zou dit wel zo zijn
Vergankelijk is alles
En iedereen, hoe zeer ook ik het betreur

Nu pas nog ging mijn lieve vader heen
Toch is hij is er nog, ik denk nog vaak aan hem
Ik voerde zelfs een diep gesprek met hem
Vannacht toen de slaap me had gevloerd

Waarom zou ik niet gewoon geloven
Dat hij niet helemaal weg is?
In mijn woorden nu dus klinkt ook Zijn stem

Dus wie dan, wie dan ook dit maar lezen mag
Ik houd van je, ik ben niet zo een beest
Ware schoonheid zit binnenin ons
Oordeel me op woorden én op daden

Thomas de Haan

Praise Song on Beauty

How beautiful Thou art, Thou dear woman
Thy breasts soft like peaches, but not overripe
But would it be this way
Everything is perishable
And everyone, although I may regret it

Now yet still my dear father went away
Though he is still there, I often think of him
I even had a profound conversation with him
This night when sleep had floored me

Why wouldn't I simply believe
That he is not totally gone?
So in my words now is sounding His voice too

So who then, who ever may but read these words
I do love you, I am not such a beast
True beauty is inside of us
Judge me on words and deeds

Freude

Rijmelarij

Het rijmt, is logisch, is dus waar
Want het klopt bijna allemaal
Want aan het eind doe ik wat lijm
Dat maakt het makkelijker te onthouden

Als ik verkouden ben pas ik toch in mijn vel
Daar hoef je geen dichter voor te zijn
Het gaat bijna vanzelf, dit bijna rijmen
Waarom eigenlijk niet wat vaker

Je krijgt het heen en weer van mij
In de gang van het hospitaal
Waar je bent opgesloten

Met opzet niet rijmen kan ook
Dat is eigenlijk wel zo makkelijk?
Bedwelmd door te veel sigarettenrook
Van een in een asbak smeulende sigaret
Die ik hier expreszo heb neergezet?

Thomas de Haan

Doggerels

It rimes, is logical, is thus true
Because it rimes almost totally
At the end I do some liming
That makes it easier to remember

When having a cold I fit in my skin though
For that you don't have to be a poet
It almost goes by itself, this almost riming
Why properly not a little bit more often

You get the to and fro of me
I the corridor of the hospital
In which you have been locked up

Riming on purpose is possible too
That is easier properly?
Drugged by too much cigarette smoke
By a cigarette burning in an ash tray
That I put here expresso in this way?

Planeet Liefde?

Ik ging een onbekende wereld binnen
En ging daar op jacht
Op walvissen, olifanten, krokodillen, en meer
Een *Droom-me-daar's* ging met me op hol
Ik trok mijn neus daarvoor niet op

Ik werd door mijn dromen meegevoerd
En werd vergeefs terug naar huis gestuurd
Nadat ik een lief meisje had ontmoet
Die hevig afkeurde wat ik deed

Het was op Planeer Liefde
Waar de dieren kunnen spreken
Soms kunnen zelfs de bomen praten
Maar dat is alleen 's nachts
Als iedereen vast in slaap gevallen is

Ben je mijn voeder of mijn vader?
Ben je mijn maker of mijn moeder?
Of ben je de dochter van mijn gedachten?
Ik weet het allemaal niet zo goed

Thomas de Haan

Planet Love?

I went into an unknown world
And went out hunting there
For whales, elephants, crocodiles, and more
A *Dream Camel* went on the run with me
I did not draw up my nose for that

I was carried away by my dreams
And was sent back home in vain
After that I had met a pretty girl
Who disapproved strongly what I was doing

It was on Planet Love
Where animals can speak
Sometimes even the trees can talk
But that is only at night
When everybody has fallen fast asleep

Are you my feeder or my father?
Are you my maker or my mother?
Or are you a daughter of my thoughts?
I don't know all of this that well

De Zaaier

Zie: een *zaaier* ging uit om te zaaien
Nu al schieten jonge halmen op
Dit is eigenlijk een beetje te vroeg
Er kan nog nachtvorst komen

Zo werd het Zaad in me *genaaid*:
Spreek vrij moedig over God
Maar misbruik nooit Zijn naam
U mag u zelf niet Christelijk noemen
Voor uw eigen voze doelen

De Bond tegen het Vloeken bedacht zich
Gebruikt het gebod niet meer verkeerd
Die papegaai is beter maar wel een beetje flauw

Thomas de Haan

The Sower

Watch: a *sewer* went out sowing
Already now young stalks arise
This is too early in fact
Night-frost still may come

In this way the Seed was *sewed* in me:
Speak freely brave about God
But never abuse His Name
Thou shall not call yourself a Christian
For your own dirty goals

The Union against Cursing bethought herself
And doesn't use the command wrong any more
That parrot is better but a little bit insipid

Buitenwijk

Ik zit zo diep in de put
Mijn muze heeft de wijk genomen
Een heel stille buitenwijk
Graag zou ik bij haar wonen
Mijn inspiratie ben ik kwijt

Ik kan slechts wat kreten slaken
En *schreeuw het van de daken*:
Zonder jou is het *kunt*
Zonder jou is er niets aan
Zonder jou kan ik niet verder gaan
Op eigen benen kan ik niet staan

Kom zo vlug als kan terug
Je moet me niet de rug toekeren
Waarom maak je van een olifant een mug
Natuurlijk moet dat andersom
Maar dat kan me niet meer deren

Zonder jou ben ik zo dom
En kan ik niet blijven in de pas
Misschien lach jij je wel krom
Als je ziet deze vuile was
Ook dat echter heeft zijn nut

Thomas de Haan

Suburb

I am that deep depressive
My muse has taken some suburb
Some very still and quiet suburb
I would like to live with her
I have lost my inspiration

I only can shout out some cries now
And *I yell it from the roofs*:
Without you it is *cut*
Without you it looks like nothing
Without you I don't come any further
I can't stand on my legs by my own

Do come back as fast as you can
Don't turn your back at me
Why do you make a shame louse from an elephant?
Of course that should be the other way around
But that can't harm me any more now

Without you I am that stupid
And I can't walk the same strides as you
Maybe you will laugh about me
When you see this dirty laundry
But also that has more sense than you might think

Liedje van Verlangen

Ik zing een liedje
Een liedje van verlangen
Waar is ze gebleven, mijn bruid?
Ook, waar is mijn kind, waar ter wereld is het?
Dat kind in eigen geest verwekt

Ik verlang al zo'n lange tijd naar haar
Ook lichamelijk, waarom dan moet ik wachten
Denkt ze dan echt dat ik haar wil verkrachten?
Voor sommigen ben ik te goed, voor anderen te slecht
Ik kan ook niet goed kiezen want
Eigenlijk houd ik van heel velen

Van schoonheid ook maar hoe kun je dat veranderen?
Niemand heeft toch zich zelf gemaakt?
Vergeef de overspeligen en belasting heffers
Wellicht plaats ik nog eens wat treffers
Nu even dan heb ik mijn zaad verschoten
Wie dan wil zich voor mij en Hem ontbloten?

Thomas de Haan

Little song of Desire

I am singing a little song
A little song of desire
Where did she stay, my bride?
Also, where is my child, where in the world it is?
That child procreated in own mind

I desire already for such a long time for her
Also bodily, why then I have to wait
Does she really think then that I want to rape her?
For some I am too good, for some I am too bad
I can not choose right too because
Actually I am in love of a lot

Of beautifulness too but how can you change that?
Nobody created him or her self though?
Forgive the adulterous people and publicans
Maybe I place some lucky hit yet
Now then for a minute I have shot my seed
Who then wants to stand naked for Him and me?

De Angst voor Vrijheid
* Erich Fromm *

We verlangen ernaar om Vrij te zijn
En toch zijn we voor vrijheid o zo bang
Bang zijn we voor wat zou kunnen gebeuren
Als we de vrijheid nemen een goed mens te zijn
Is dat niet gevaarlijk, overwint werkelijk het goede?
Waarom eigenlijk twijfelen we daaraan
Schrijf ik, nu ook ik 'mijn wereld overwonnen heb'
Dat ging niet zonder pijn, maar ach
Helemaal bevrijd van pijn zullen we nooit zijn

Maar minder en minder zal dat worden
Als we geluk en pijn met elkander delen
Omdat wie zijn of haar geluk van anderen steelt
Dit eens zal moeten terugbetalen vroeger of later
Vergeet dan toch de goede dagen niet
Ook al heb je nog zo een verdriet
Denk niet dat het nooit meer goed zal komen

Eens zul je beloond worden voor geleden pijn
Zelfs als je die niet vrijwillig op je hebt genomen
Bedenk toch: alles is 'betrekkelijk'
Zou je dan liever die Ander zijn?
Die de wereld op Zijn schouders heeft genomen

Als je er werkelijk niet meer tegen kan
Zal de Heer je op zijn Schouders nemen
Ik zeg het niet zomaar, het is echt waar
Toen stonden slechts 'Twee Voetstappen in het Zand'
Toen heeft Hij ook mij, mijn kleine ik, gedragen

Thomas de Haan

Escape from Freedom
* Erich Fromm *

We desire to be Free
And yet we are afraid like hell for freedom
Afraid we are for what might happen
When we take the freedom to be a good person
Isn't that dangerous, does the good really conquer?
Why properly do we doubt about that?
I write here, now that also I have 'conquered my world'
That wasn't without pain, alas
But totally without pain we will never be

But lesser and lesser it will be
When we share happiness and pain with each other
Because he who steals his or her happiness from others
Once will have to pay that back sooner or later
Don't forget then the good days that were
Although you may suffer severe
Don't think it will never end, it will

Once you will be rewarded for your suffering
Also even when you didn't take it by free will
Be think though: everything is 'relative'
Would you like to be the other One?
Who carried the World on His shoulders?

When you really can't bear it any more
The Lord will heave you on his Shoulders
I don't say this for nothing, it is really true
When only were 'Two Footprints in The Sand'
Then He carried me too, my little me

Freude

Mijn Droom
Droomfestival 2006, Pameijer, Rotterdam

Ik heb een Droom van een wereld zonder oorlog
Een wereld waarop het beter te leven is
Waarom, denk ik, doen de mensen toch
Elkaar dit aan en waarom denken ze
Niet aan hun kinderen, die na hen komen?
Waarom dan, zijn mensen toch zo dom
Weten ze dan echt niet beter?
Dan wraak te nemen, telkens en telkens weer
Wanneer toch is dat begonnen, ze beschuldigen elkaar!

Dat Oordeel steeds over daden van de Ander
In plaats van ook de schuld bij zichzelf te zoeken
Waar twee kijven hebben toch altijd beiden schuld
Waarom ook trappen mensen altijd naar beneden
Tegen degenen zonder macht, tegen de machtlozen

Waarom reageren ze zich toch af op hen?
Die beneden hen staan en niet schuldig zijn
Aan wat hen door de machtigen is aangedaan
In plaats van luidkeels daartegen te protesteren
Met woorden, waarom niet alleen met woorden?
Want geweld maakt geen verschil, niet Echt!

Wie geweld gebruikt heeft gebrek aan woorden
Want: als mensen wat geduldiger waren
En de betere wereld niet zouden willen afdwingen
Dan ja, dan zou het nieuwe 'koninkrijk' er zijn!
Als we allen geweldloos weerbaar waren

265

Thomas de Haan

My Dream
Dream festival, Pameijer, Rotterdam, 2006

I have a Dream of a world without war
A world on which it is better living
Why, I think, people do this though
To each other and why don't they ever think
Of their children, who come after them?
Why then, people are that stupid
Don't they really know any better?
Then to take revenge ever and ever again
When though that has begun, they accuse each other!

That Ordeal ever about deeds of the Other
In stead of seeking guilt with themselves too
Where two make struggle both are wrong though
Why too people kick downwards always
Against them without might, against the might less

Why do they react against them?
Who are beneath them and are not guilty
Of what has been done to them by the mighty
In staid of protesting against that loudly
With words, why not only with words?
Because violence makes no difference, not Really!

Those who use violence have lack of words
Because: if people were more patient
And didn't want to force the better world
Yes, then the new 'kingdom' would be there
If all of us were violent less defenders

De Tij Wisselaren
* Zoals geïnspireerd door: Marten Toonder *
Nieuwjaarsreceptie Pameijer, Rotterdam, 2007

Het Tij keert weer, na meer dan tachtig jaren
Wat werd fusie tot Maaskring Groep
Werd weer Pameijer, na Keerkring sparen
Ook RIBW Rijnmond ging naar deze 80 jaar oude Pa
Als er wat '*Meiers*' bij zullen komen
Zegt men: Schipper mag ik overvaren, ja of nee?
Moet ik wat *Pa Meiers* betalen? Ja of nee?

Laat passeren, laat doorgaan, laat doorgaan
Haast je, de achterste moet stil blijven staan?
Laten we nu overvaren naar Engel Land
Ach, Engel Land is gesloten?
De Sleutel is gebroken?
Is er dan geen Smid in het Land
Die de Sleutel Maken kan?

Maar zie dan toch, ineens:
Er is, er zijn, reserve Sleutels
Voor wie, oh wie misschien die vinden kan
Misschien wat roestig, maar dat is 'op te lossen'
Gestopt is de Keerkringen doodsgereutel
Tachtig jaar is nog helemaal niet zo oud

Want *Pa Meier* is en blijft voor Eeuwig Jong
Na operatie van klein gekanker in haar Long
Als Cliënten meer zelf mede het beleid bepalen
Gaat geen concurrent met hen aan de haal
Het IJ, in Amsterdam, kan er ook misschien bij?

Thomas de Haan

De Tide Changers
* Like inspired: Marten Toonder *
New Year Reception Pameijer, Rotterdam, 2007

The Tide returns, after more than eighty years
What was a fusion to Maaskring Group
Begot Pameijer again, after Keerkringen saving
Also RIBW Rijnmond went to this 80 year old Pa
When some *Meiers* will be added
They will say: Bargeman, may I sail across, yes or no?
Do I have to pay some *Pa Meiers* still? Yes or no?

Let pass, let pass by, let pass by
Hurry, the last one has to stand still?
Let's now sail over to Angel Land
Alas, Angel Land is locked down?
The Key is broken?
Isn't then there a Blacksmith in the Land
Who can Repair the Key?

But watch then, suddenly:
There is, there are, spare Keys
For who, oh who maybe can find these
Maybe somewhat rusty, but that can be '(dis)solved'
Stopped is the Keerkringen death rattling
Eighty years is still not that old yet

Because *Pa Meier* is and stays for ever Young
After operation of some little cancer in her Lung
When Clients more participate the policies
No concurrent will fly away with them
The IJ, in Amsterdam, can be added too, maybe?

Heel Stilletjes
Januari 2007

Stilletjes kwam zij aangeslopen
De grote kat, verborgen door het gras
Sluipend kwam zij op me toe gekropen
Zich afvragend of ik misschien te verslinden was

Maar dan, gelukkig, dank zeg ik aan mijn neus
Rook ik: ze is niet te vertrouwen, niet heus
Al merkte ik dat wel een beetje laat
Je weet wel hoe het met zulke dingen gaat

Ze haalde me haast in, al snelde me rap voort
Buiten adem kwam ik eindelijk bij een poort
Maar wat bleek, de poort, hij was gesloten
En de loper, dat was ik!, was stuk, gebroken

Ademloos heb ik dit wachtwoord gesproken:
''Sesam open u'', of dat wat daar voor staat
En ja hoor, de poort gleed geruisloos open
Ik had mezelf een wisse dood bespaard

Thomas de Haan

Very Silently
January 2007

Silently she came creeping on
The big cat, hidden by the grass
Stalking she came crawling at me
Wondering if maybe I would be eatable

But then, happily, thanks I say to my nose
I smelled: she can't be trusted, not really
Although I noticed that a little bit late
You know how it goes with such things

She almost levelled me, although I hastened speedy
Out of breath at last I came at a gate
But what showed, the gate, it was locked
And the knight (key), that was me!, was in pieces, broken

Breathless I have spoken this watchword:
''Sesame open'', or that what stands for it
And yes, well, the gate slid open silently
I had saved myself from a sure dead

Literatuurlijst/ Literature List

Universiteit voor zelfstudie:
Sterrenkunde; Natuurkunde, Scheikunde, Wiskunde
en Mechanica; Biologie; Wetenschap en techniek
Natuurwetenschap:
Professor de Jager: Sterrenkunde (1, 2, 3 en 4)
Dr. J. van Diggelen: Wegwijzer in de Kosmos
D.W. Sciama: Moderne kosmologie
Withrow, Rothblatt: Van Atoom tot Heelal
Isaac Asimov, (pseudo) wetenschappelijk boek:
Zwarte Gaten, het Einde van het Heelal?
Filosofie:
Karl R. Popper: De armoede van het Historicisme
Magee: Popper
Karl Marx, leven en werk
Ferdinand Domela Nieuwenhuis:
Van Christen tot Anarchist
De Geschiedenis van het Fenomenologisch Denken
Lemniscaat: Kopstukken Filosofie, 28 delen
Psychologie:
Erich Fromm: De Angst voor Vrijheid; Liefhebben,
een Kunst, een Kunde; Dromen, Sprookjes, Mythen;
Het Hart van de Mens; Marx, Freud en de Vrijheid;
Niet: De Crisis van de Psychoanalyse
Adolf of Arnold Guggenbühl - Craig:
Macht als gevaar, over Carl Gustav Jung
K.M. Van Vliet en G.A. Haagen:
Praktische Psychologie 1, 2 en 3
Carl Gustav Jung: Werkcolleges 4: Droomanalyse 2;
Werkcolleges 2: Kinderdromen 2; Herinneringen, Dromen,
Gedachten; Dromen; Analytische Psychologie
Richard L. Morgan: Hedendaagse Psychologie
Smeets e.a.: Klinische Psychologie
Veldhoen, van Ree: Eenzame opsluiting
D. Holmes en Hans Geluk: Kleine psychopathologie

NTI: Inleiding Psychotherapie
Meer (al dan niet populair) Wetenschappelijke boeken
Harry Mulisch: De Compositie van het Heelal;
De Ontdekking van de Hemel; De Aanslag
Het Mirakel; Het Zwarte Licht
J.M.A. Biesheuvel: De Steen der Wijzen; De Bruid;
Hoe de dieren in de hemel kwamen
Maarten 't Hart: De Jakobsladder;
De Droomkoningin; De Kroongetuige
Jan Wolkers: De Walgvogel; Turks fruit
Antoon Coolen: Dorp aan de rivier
Veel O.B.B. boeken van Marten Toonder:
De Markies (Haan): Met plaatjes,
voor het ongeletterde Jan Hagel
Bijbel; Koran
Hannah Green: Ik heb je nooit een Rozentuin beloofd;
de Zelfkant van het Leven; de Apostelen van Broeder Bisset
Franz Kafka: Verzameld werk,
met o.a.: Het Proces, Het Slot
Will Ferguson: Geluk ®
Stephen King: Alles is Eventueel
Alice Sebold (gekregen): De Wijde Hemel
Wim Gijsen: Deirdre; De Eersten van Rissan;
De Koningen van Weleer
Frank Herbert: Dune; Duin, Dune Messiah;
Kinderen van Duin; God - Keizer op Duin;
Ketters van Duin; The Eyes of Heisenberg;
The White Plague, De Witte Pest; Zweepster
The Jesus Incident; Verrijzenis; Under Pressure
Maggie Furie: De Magiërs van Nexus; De Harp der Winden
Het Vlammende Zwaard; Diammara
Charles Harness: Tijdval
Jeremy Leven: Satan
Theodore Sturgeon: To here and the Easel,
waarin onder andere: To here and the Easel,
The Perfect Host,The graveyard reader, Shottle Bop
Adventures in Time and Space

J.R.R. Tolkien: The Hobbit, de Hobbit;
The Lord of the Rings;
De Silmarillion; Sprookjes van Tolkien
Stephen Donaldson: White Gold Wielder
Stanislav Lem: Het Dagboek in de Badkuip;
Waanzinnige Wereld
Robert A. Heinlein: Het verhaal:
'Verdwaald tussen de sterren';
Het verhaal: 'Aan zijn schoenen omhoog';
Het Getal van het Beest
Christopher Priest: Terug naar de Toekomst
Richard Adams: Watership Down; Shardik
The Girl in a Swing; Tales of Watership Down
Grimm's Fairy Tales
Harry Harrison: Doodsstrijd op Pyrrus
Jack Vance: De Duivelsprinsen
John Wyndham: De Getekenden;
Chocky, ruimteverkenner op aarde; The Day of the Triffids
De man die zich uitvouwde (SF, tijdreisparadoxen)
Het SF Verhaal 'De Grote Uittocht'
Kramers woordenboeken Nederlands, N - E + E - N
+ Oxford Advanced Learners Dictionary
Gary Fane: De songteksten van 'Horoscope'
The Rolling Stones: idem. o.a.: Miss you;
Sympathy for the devil; I can get no Satisfaction, etc.
Leonard Cohen: The Story of Isaac;
Bird on a wire; Joan of Arc; Suzanne, etc.
Supertramp: o.a.: 'Crisis, what Crisis'; Crime of the
Century'; Breakfast in America; School; The logical song.
Meer snaar, drum, zang en fluitspel
Avond VWO, Engels, Nederlands, Wiskunde A en B,
tot aan Psychose in januari 1993
LOI: Gedichten schrijven
NHA: Korte verhalen en gedichten schrijven
LOI: Theologie, Universitair, eerste lessen, geen geld:
Christelijke dogmatiek
ECI: Serie Wereldgodsdiensten

Thomas de Haan

www.ingramcontent.com/pod-product-compliance
Lightning Source LLC
Chambersburg PA
CBHW022351280326
41935CB00007B/151